LA POLITIQUE

DES

CONSERVATEURS.

PARIS. IMPRIMERIE LE NORMANT,
Rue de Seine, 8.

LA POLITIQUE

DES CONSERVATEURS

ET

LES ÉLECTIONS DE 1842.

PARIS.

H. L. DELLOYE, ÉDITEUR.

GARNIER FRÈRES, LIBRAIRES,

PLACE DE LA BOURSE, 13, ET PALAIS-ROYAL.

Ve LE NORMANT,

RUE DE SEINE, 8.

1842.

Je me propose de retracer, dans cet écrit, quelle a été, depuis son avénement, la politique suivie par le Ministère actuel : j'apprécierai les principes qui l'ont dirigé; j'examinerai ses actes les plus importans.

La Chambre des Députés est dissoute. Les colléges sont convoqués. Des scrutins électoraux va sortir la destinée future de la France. Il me paraît convenable, dans ce moment décisif, il me paraît juste, nécessaire que chacun procède à la révision des questions débattues et des faits accomplis depuis vingt mois.

Le Ministère du 29 octobre est monté au pouvoir avec la double pensée de rétablir au dehors la bonne intelligence de la France avec l'Europe, et de faire rentrer dans la politique intérieure l'esprit d'ordre et de conservation. On sait quels obstacles il a rencontrés. Les factions, comprenant le danger qui les menaçait, ont soulevé contre lui les calomnies et les outrages d'une presse agitatrice. Dans plusieurs villes, sur divers points du pays, elles ont employé la violence et la sédition. Le Ministère a eu aussi d'autres luttes à soutenir contre l'Opposition légale : on a déployé pour le combattre toutes les ressources de la tribune ; on a multiplié les combinaisons de la stratégie parlementaire. Il ne s'est laissé ni intimider ni surprendre : il ne s'est pas détourné un moment du but qu'il s'était marqué.

Une Majorité imposante, reconstituée sous la profonde impression des dangers publics, l'a constamment soutenu. Avec cet appui, avec la force que communiquera toujours l'harmonie des pouvoirs, le Ministère a pu surmonter les difficultés, vaincre les obstacles, résister à ses adversaires. Il a réparé les erreurs et les fautes du passé et rendu l'espérance à l'avenir.

Ce Ministère, cette Majorité comparaissent aujourd'hui, avec l'Opposition, devant les électeurs. Une sentence solennelle va être prononcée. Il faut donc que chacun pèse et revise avec soin les motifs de sa conviction : l'intérêt du pays l'exige. Les élections générales, cette crise de notre régime représentatif, ne doivent pas être la lutte violente de passions obstinées, mais un acte réfléchi du patriotisme et de la raison.

C'est dans ce sentiment que j'écris. Assez d'autres ont jeté déjà et jetteront encore des alimens aux foyers incendiaires. Je n'ai ni la volonté ni le goût d'ajouter à cet exemple. La cause de l'ordre ne veut pas être soutenue comme celle des factions. J'ai suivi d'assez près les affaires publiques, je les ai étudiées avec un soin assez approfondi pour en parler avec quelque certitude : je le ferai avec modération et bonne foi.

LA POLITIQUE

DES

CONSERVATEURS

ET

LES ÉLECTIONS DE 1842.

CHAPITRE PREMIER.

Situation politique de l'Europe.

Depuis la chute du vaste empire qu'improvisa et que perdit la forte épée de Napoléon, l'Europe s'est établie dans une situation nouvelle, qu'il est nécessaire de reconnaître si l'on veut sainement juger les actes et les événemens qui se produisent tous les jours dans la politique extérieure. Les intérêts partiels et secondaires de l'ancienne politique ont été subordonnés à un intérêt supérieur et général de civilisation et de paix. Quelques préjugés peuvent s'irriter de ce nouvel état de choses; ce n'en est pas moins un progrès dans la destinée des nations, et tout homme d'État doit se placer aujourd'hui à ce point de vue, sous peine d'entraîner son pays dans une de ces situations irrégulières et pesantes, qui, presque toujours, après avoir produit une longue série d'agitations ou de catastrophes, avortent péniblement. Aucun homme, aucun peuple ne fut jamais assez fort pour résister au cours providentiel des choses. La sagesse des peuples et des gouvernemens est de pénétrer dans le secret de l'avenir, d'en discerner les conditions, et de faire de ces conditions mêmes, habilement prévues, les mobiles de leur prospérité et de leur grandeur.

L'Europe est aujourd'hui une confédération d'États monarchiques, obéissant chacun à ses règles propres pour sa propre destinée et son gouvernement; tous, à des règles générales dans l'intérêt de tous. Il y a aujourd'hui, au-dessus de toute politique particulière, une politique européenne. Cela n'empêche pas sans doute que les intérêts d'un pays et le dévouement de ses hommes d'État cherchent des moyens d'action, d'influence et de développement; cela n'empêche pas qu'il y ait des vues distinctes, des plans isolés, à Londres, à Paris, à Vienne, à Berlin, à Pétersbourg; mais chaque fois qu'une question grave s'élève, qu'une crise peut être prévue, le grand intérêt, l'intérêt général, l'intérêt européen, se substitue aussitôt aux intérêts exclusifs, aux passions isolées, et s'empare, au nom de tous, en invoquant la sécurité de tous, de la direction des événemens. Cette situation, ailleurs comme en France, blesse des préjugés et des ambitions; il importe d'autant plus de la constater.

Un de ses résultats, un de ses bienfaits, est d'avoir substitué, depuis près de trente ans, l'action intelligente de la diplomatie aux violences et aux désastres de la guerre. C'est par suite de ce système nouveau, c'est grâce à cette politique européenne, que des questions qui, à d'autres époques, auraient agité et bouleversé le monde, sont venues se dénouer pacifiquement, par voie de transaction, dans le cabinet des hommes d'État. L'héroïque réveil de la Grèce, les convulsions de la péninsule espagnole, le dédoublement du royaume des Pays-Bas, et jusqu'à cette vaste question d'Orient si compliquée, si excitante, pleine de tant d'intérêts divers et de tant de causes de collisions, rien n'a pu troubler la paix. L'idée européenne, l'idée préservatrice, s'est toujours montrée à travers les agitations. Elle a surmonté les obstacles, résolu les difficultés, concilié les intérêts, dompté les préventions, enchaîné les tentatives envahissantes.

Cette situation, dont il serait facile d'indiquer les causes, et dont les résultats sont évidens, a fait cesser l'ancien système des alliances distinctes, des alliances défensives et offensives. L'union est aujourd'hui beaucoup moins intime; elle est plus étendue, elle est générale. S'il existe encore, entre certains pays, entre certains gouvernemens, par suite des intérêts qui les dominent ou des principes qui les régissent, un accord plus spontané, des sympathies naturelles, ou bien aussi un peu d'aigreur, quelques rancunes, quelque méfiance, il n'y a plus nulle part aucune alliance exclusive, aucune ligne de séparation.

L'Europe est aujourd'hui, je le répète, une confédération d'États monarchiques, unis ensemble par le lien d'un intérêt général. Dans cette confédération, les cinq grandes puissances, France, Angleterre, Autriche, Russie et Prusse, remplissent un rôle de suprématie. Ces puissances ont en commun la direction des grandes affaires. Elles veillent surtout au maintien de la paix. Elles s'emparent des questions qui s'élèvent, pour les résoudre sans secousse et par voie de transaction. Ce n'est point là sans doute un droit écrit ni qui puisse être pratiqué toujours; mais c'est, depuis plus d'un quart de siècle, un fait permanent et toujours accepté. Le conseil des cinq grandes puissances est comme le sénat de l'Europe; véritable sénat de rois, plus puissant, plus redoutable, et non moins habile que celui qui frappa les regards étonnés de Cinéas et qui portait dans son sein le génie de Rome et le secret de son avenir.

Cette situation de l'Europe, le gouvernement de la Restauration avait dû l'accepter sans examen; la révolution de 1830 ne l'a pas changée. Notre indépendance nationale est aujourd'hui plus haute; notre influence s'est agrandie; il y a eu des événemens graves, des jours de malaise et d'indécision : au fond, la situation générale est restée à peu près la même. L'Opposition s'en plaint, je le sais, mais le pays s'en félicite depuis douze ans, et l'avenir y verra un des titres de gloire de ce règne.

CHAPITRE II.

Politique extérieure du gouvernement de Juillet.

En 1830, deux voies s'ouvraient pour la politique extérieure devant le gouvernement nouveau. Nous pouvions ou déclarer une guerre de propagande, une guerre révolutionnaire à l'Europe, ou nous tenir à l'observation des traités existans, quels qu'en fussent l'époque, le caractère et l'origine, et proclamer, en la pratiquant, la politique de paix. Le système pacifique prévalut heureusement.

Sans doute les événemens des trois grandes journées de Juillet avaient imprimé au monde une profonde secousse. Plus d'un roi portait la main à sa couronne vacillante. L'Italie, la Belgique, l'Espagne, la Pologne s'agitaient et grondaient autour du large cratère de la France. Nous pouvions, non sans chances de succès, lancer encore une fois sur l'Europe l'élite massive de nos populations. Le Rhin aurait salué notre drapeau; les Alpes se seraient de nouveau abaissées sous lui : je le crois, je veux le croire; je n'ignore pas ce que sont et ce que peuvent les Français. Nous n'avons pas dégénéré de nos pères.

Il ne faut rien s'exagérer cependant. En 1830, notre organisation militaire était insuffisante pour de telles entreprises; il fallait la créer presque entière, et pourtant le problème de la nouvelle situation devait être immédiatement résolu : une extrême promptitude était indispensable pour profiter de l'étonnement des cours. D'ailleurs les commotions extérieures qui répondaient à la nôtre n'étaient-elles pas, pour la plupart, de ces agitations à la surface qui promettent plus qu'elles ne peuvent donner? Ces insurrections qui éclataient çà et là autour de la France, marchaient-elles toutes bien résolues? Ne pouvait-on pas craindre de voir se relever contre nous, contre les plans de conquêtes qui nous seraient attribués, la fierté des nations étrangères, les vieilles antipathies, les ambitions, les sentimens d'indépendance? Notre influence morale en Europe est incontestable, mais le despotisme de Napoléon n'y a-t-il pas laissé aussi des blessures profondes, une irritation légitime qui n'est pas encore entièrement refroidie? La fortune des armes n'est-elle pas variable, douteuse, même pour les grands capitaines et les plus vaillantes armées? Napoléon, tout exceptionnel qu'il était, n'a-t-il pas fini par succomber aux impossibilités d'une lutte permanente et universelle? Le rocher de Sainte-Hélène n'a-t-il pas vu tomber, vaincue et les ailes saignantes, l'aigle qui s'élançait de l'Alhambra au Kremlin et du Louvre au Capitole? Si nous recommencions la grande épopée, qui pouvait garantir qu'elle ne se terminerait pas encore une fois, après de longs efforts, par une page funèbre comme celle de Waterloo? La faction carliste, la faction républicaine, n'étaient-elles pas frémissantes devant la nouvelle dynastie? Dans cette situation, avec ces dangers intérieurs, la France ne pouvait tirer l'épée contre l'Europe qu'à la condition de toujours réussir et vaincre. Une seule bataille perdue ne serait-elle pas le signal d'une insurrection à Paris, d'un mouvement en faveur de la branche aînée dans le Midi et dans l'Ouest? Que deviendrait alors la dynastie d'Orléans? N'allait-on pas lui jeter à la face le cri foudroyant de *trahison?* Ne disparaîtrait-elle pas dans ces orages imprudemment suscités? Et la Charte, les lois, les libertés constitutionnelles, ne tomberaient-elles pas anéanties par une victoire des factions, ou fatalement sacrifiées à la nécessité du salut public et de la défense du territoire? Si l'Europe avait ses embarras, nous avions les nôtres. Si nous tenions dans nos mains un levier à soulever le monde, cela prouvait que nous pouvions faire beaucoup de ruines. C'était ce qu'il y avait de plus clair dans la question, la seule certitude immédiate, incontestable. A qui les ruines profitent-elles?

D'ailleurs le droit, l'équité, sont quelque chose. Encore que nous eussions été certains d'être et de rester toujours les plus forts, fallait-il pour cela méconnaître la justice? Il y a trop longtemps que la force est partout maîtresse, que l'emploi déréglé de la force produit les plus grands malheurs. Quand l'Europe reconnaissait hautement et sans réserve notre gouvernement et les faits accomplis, pouvions-nous violer contre elle les traités qui portent la signature de la France ? Pouvions-nous déclarer la guerre sans autre raison à alléguer qu'une volonté impérieuse ? Avions-nous le droit de troubler la situation régulière de l'Europe, lorsqu'on ne cherchait nullement à s'immiscer dans nos affaires intérieures ? Etait-il digne de la France de substituer au flambeau civilisateur de la paix la torche des révolutions ? Le Roi, les Chambres, la conscience publique, résolurent dans le même sens ce sombre problème. La civilisation moderne fut préservée.

Cette politique a été souvent accusée de petitesse, de stérilité et d'égoïsme. Immense erreur! Le maintien de la paix générale en Europe n'à pas moins contribué à l'extension de notre influence qu'au développement de notre prospérité matérielle; il n'a pas moins servi au progrès moral et politique des peuples qu'à l'affermissement de nos institutions et de la nouvelle dynastie. Il n'est pas vrai que, depuis douze ans, la France ait rien perdu de sa légitime influence; il n'est pas vrai que ces douze années soient pour nous une période de déclin. Les faits prouvent le contraire. Ce qui est vrai, évident, incontestable, c'est qu'aucune puissance en Europe, depuis 1830, n'a autant agi que la France et n'a obtenu d'aussi importans résultats. Jetez les yeux sur nos frontières. Avant 1830, la Suisse nous était hostile; cette hostilité a fait place à des rapports d'amitié et de sympathie. Au nord, c'est notre protection qui a couvert la Belgique, et qui l'a fait reconnaître au nombre des Etats européens. En Espagne, en Portugal, des monarchies représentatives sont constituées : c'est principalement à cause de nous que les gouvernemens nouveaux de la Péninsule ont pu librement s'établir. La France, qui a fait accepter sa situation à l'Europe, lui a fait accepter les situations analogues de Bruxelles, de Lisbonne et de Madrid. Ce sont là autant de résultats, autant d'extensions morales et politiques, des accroissemens de force et de pouvoir. Enfin, depuis 1830, nous n'avons pas seulement conservé Alger; cette conquête s'est agrandie : nous y avons joint Oran, Bone, Constantine, vingt autres villes encore, et deux cents lieues de littoral. Consacrée par le sang et la gloire de nos soldats, cette terre antique est rendue à la civilisation; elle est à jamais à nous. Sont-ce donc là des signes de déclin, des preuves d'affaiblissement? Qu'on me montre une seule puissance en Europe dont l'influence ait été aussi active, qui ait fait depuis douze ans autant de progrès, et au profit de laquelle d'aussi notables changemens se soient accomplis!

CHAPITRE III.

Question d'Orient.

Cette politique d'ordre général et de paix, cette politique européenne dont je viens d'indiquer l'esprit, les principes et les avantages, on s'en est malheureusement écarté, en 1840, dans la question d'Orient.

La Note collective du 27 juillet 1839 était cependant une excellente base. Après la suspension des hostilités entre le Sultan et le pacha d'Egypte, exigée le lendemain même de la bataille de Nezib, les cinq grandes puissances déclaraient, par cette Note, qu'elles se chargeaient du soin de régler une transaction entre les deux parties belligérantes, leur interdisant, du reste, tout arrangement direct. L'intérêt que les cinq grandes puissances mettaient et avaient raison de mettre en première ligne dans cette question, c'était l'intérêt de la paix européenne que la guerre entre le Sultan et le pacha pouvait troubler par tant de causes. Les principes qu'elles voulaient faire prévaloir, c'étaient l'intégrité de l'empire ottoman et l'abolition d'un protectorat exclusif à Constantinople.

Cette politique était la seule bonne, et, sans l'avénement du ministère du 1er mars, je crois qu'on n'en aurait pas dévié. Tout le monde sait ce qui s'est passé à Londres. Les tentatives de transaction furent nombreuses : on ne put se mettre d'accord. Malgré la prévoyance et les avertissemens de M. Guizot, malgré les efforts très-sincères, très-conciliants des ministres d'Autriche et de Prusse, la persistance obstinée de M. Thiers dans ses premières propositions, celle de lord Palmerston dans les siennes, firent échouer toutes les combinaisons projetées.

L'affaire était encore en suspens, lorsqu'on apprit tout à coup à Londres que le pacha d'Egypte, sur la nouvelle de la destitution de

Khosrew, avait envoyé Sami-Bey à Constantinople, offert de rendre la flotte turque et tenté un arrangement direct avec le Sultan. Les puissances ne purent douter que cela n'eût été fait par les conseils et sous l'influence de M. Thiers: déjà ses journaux en glorifiaient à Paris cet homme d'Etat. C'était là cependant un abandon manifeste, une violation de la Note collective de 1839. Au même moment arrivait aussi la nouvelle d'une insurrection en Syrie. Les dispositions de lord Palmerston, qui n'avaient jamais été très-favorables au pacha, lui devinrent irrévocablement hostiles; celles des autres puissances se trouvèrent modifiées. Le traité du 15 juillet fut conclu; il fut conclu à quatre, comme on en avait souvent prévenu M. Thiers dans le cours des négociations; mais ce qui fut un tort grave, un oubli de ce qui nous était dû, une déviation de la politique européenne, un acte enfin d'aussi mauvaise conduite que ce qu'on reprochait à M. Thiers lui-même, ce traité fut définitivement conclu et signé à l'insu de la France. On nous le notifia quand tout était accompli.

M. Thiers répondit par un *Memorandum* auquel était jointe la fameuse Note du 8 octobre, qui, après tant de refus obstinés pendant les négociations, abandonnait alors la Syrie. Il rappela notre flotte à Toulon. Le canon de Beyrouth ne fit pas éclater la guerre en Europe.

Cependant la guerre paraissait prochaine, inévitable; les journaux de la gauche y poussaient avec ardeur. Des crédits furent ouverts, en l'absence des Chambres, pour augmenter notre matériel militaire et maritime et commencer les fortifications de Paris. M. Thiers porta à un million d'hommes le chiffre de ses armemens, que le printemps devait trouver prêts. L'agitation entrait dans les masses. Tout le monde prévoyait une guerre générale avec l'Europe. Le fruit de dix années d'une politique, habile, sage, féconde, allait être perdu. Ce que nous n'avions pas fait pour la noble Italie, pour la généreuse et chrétienne Pologne, nous allions le faire dans l'intérêt du pacha d'Egypte! pour une question intérieure de partage de territoire entre lui et le Sultan!

Chaque instant aggravait cette situation, non moins mauvaise, non moins périlleuse pour l'Europe que pour la France ; mais la haute sagesse du Roi veillait sur les destinées du pays. Le Roi voulut consulter les Chambres. Le ministère du 29 octobre fut formé, et la paix européenne a pu être honorablement maintenue. Ici commence l'examen de la part que ce ministère a prise aux événemens.

CHAPITRE IV.

Ministère du 29 octobre.

Convention du 15 juillet.

Pendant le ministère du 1er mars, le pacha avait perdu toute la Syrie, et par la Note du 8 octobre M. Thiers ne réservait plus que l'hérédité de l'Égypte. Or, après l'emploi des moyens de coercition, après l'invasion de la Syrie et la prise de Beyrouth et de Saint-Jean-d'Acre, l'Egypte héréditaire était encore offerte par les quatre puissances. Dans cet état des faits diplomatiques et des faits de guerre, accomplis tous pendant le ministère du 1er mars, quelle devait être la politique du cabinet actuel? Fallait-il, comme M. Thiers l'aurait voulu, exciter Méhémet-Ali à prolonger la guerre, si toutefois il le pouvait, en lui promettant le secours et l'appui d'un million d'hommes sur le Rhin, pour l'aider, au printemps, à reconquérir non pas seulement la Syrie qu'il n'avait plus, mais l'Égypte même qu'il allait perdre? Était-ce là une politique sensée? Le ministère du 29 octobre a cru qu'il valait mieux se borner, en acceptant les faits accomplis, à maintenir la réserve que M. Thiers, dans sa Note diplomatique, avait lui-même posée. Il n'a pas été au-delà. Le passé ne dépendait pas du cabinet actuel; il a dû se préoccuper, avant tout, du soin de faire cesser une situation grave, difficile, dangereuse pour nous et pour l'Europe entière. C'était là l'intérêt vital et pressant. Cette situation n'était pas l'œuvre du ministère actuel : ce qu'il a fait, le voici :

Trois résultats ont été acquis par la conclusion de la convention du 13 juillet 1841 : l'hérédité de l'Égypte et la réalité du pouvoir militaire et administratif assurées au pacha; l'abolition de tout protectorat exclusif à Constantinople; la bonne intelligence rétablie avec les puissances européennes.

Aujourd'hui Méhémet-Ali possède l'hérédité

de l'Égypte, hérédité réelle, garantie dans sa famille par ordre de primogéniture. Il possède pleinement le pouvoir administratif. Il a un tribut fixe à payer au Sultan, chose à laquelle il ne s'était jamais refusé; mais il administre seul ses États. Il a également le pouvoir militaire. Son existence est consacrée par le Sultan, reconnue par l'Europe. Rien de cela ne se trouvait, aux mêmes termes, dans le hatti-sherif du 13 février. Ces concessions ont été faites par égard pour la France, par son influence, à cause d'elle.

La question de Constantinople a été réglée par le principe de la clôture des détroits. Ce principe, introduit dans le droit public européen, a détruit la prétention dangereuse du traité d'Unkiar-Skelessi. C'est une victoire de la politique européenne sur les politiques exclusives et envahissantes. Cela ne garantit pas sans doute contre telle ou telle tentative, contre l'emploi de la force; les traités n'empêchent pas tout : cependant leur autorité est quelque chose de considérable; elle impose une limite reconnue, qu'on ne franchit pas sans y bien penser.

Les droits souverains du Sultan, le repos, l'indépendance de son empire, sont entrés dans le droit public européen. Le ministère actuel peut se féliciter d'un aussi important résultat.

Enfin la bonne intelligence a été rétablie avec les puissances de l'Europe. Notre isolement a cessé. Une réduction considérable a pu être opérée dans les charges qui pesaient sur le pays, réduction justifiée par des mesures analogues de la part des autres États. Une situation qui ne pouvait se prolonger sans périls a fait place à une situation régulière. Après s'être retirée dans son isolement, dans sa force, dans une attitude de précaution, la France n'est allée au-devant de personne. C'est l'Europe qui est venue à nous. Les cabinets ont compris et reconnu que rien de sérieux pour la paix ne pouvait être fait en Europe sans le concours de la France. Voilà sur quelles bases nous avons traité. Voilà les changemens que le ministère du 29 octobre a opérés dans cette question.

Il y a des écrivains, des orateurs, qui apportent dans l'appréciation de la politique extérieure d'étranges préoccupations. Ils croient ne pouvoir exciter le pays à quelque chose de grand qu'en parlant à tout propos de son abaissement et de sa honte. Ils falsifieraient l'histoire et se calomnieraient volontiers eux-mêmes pour fournir des preuves de l'humiliation de la France. Des succès obtenus ils n'en tiennent compte, mais ils énumèrent incessamment les inconvéniens et les embarras. On dirait que plus la France serait affaiblie dans sa propre estime, plus ils se croiraient près du but qu'ils veulent désormais atteindre. Ils s'en vont fouiller dans tout ce qui est hostile pour y trouver un renfort de flétrissures et d'outrages. Une semblable tactique doit inspirer moins de colère que de dégoût. Non, ce n'est jamais par de tels moyens, avec ce fracas théâtral, cet accent personnel et passionné, que des citoyens intègres ont défendu la gloire et les intérêts de leur pays. Je le répète, j'en suis profondément convaincu, l'influence de la France s'est fortifiée, a grandi depuis douze années; mais si le contraire avait pu être vrai un seul jour, un seul moment, j'aurais hâte de jeter un voile sur les blessures de la patrie; je m'efforcerais de les cacher à tous les regards; je ne voudrais pas, dans un détestable calcul de parti, travailler à décourager ses espérances, à la diminuer dans son estime et dans celle des autres nations. On ne me verrait pas prendre le monde entier pour confident de ma douleur, ni encore moins mes ennemis d'hier pour complices de mes accusations d'aujourd'hui.

La fausse direction que les idées de M. Thiers ont prise dans la politique extérieure, les torts graves qu'on a eu à lui reprocher, avaient remis en question la politique suivie avec l'Europe depuis 1830. Contre l'intention des puissances, notre isolement, nécessaire, légitime, après la conclusion du traité du 15 juillet, avait produit un état de choses qui ressemblait presqu'à une coalition. On pouvait, de part et d'autre, se laisser entraîner plus loin qu'on n'aurait voulu. L'habileté de M. Guizot, sa loyauté, la confiance de l'Europe dans la modération et la rectitude de son esprit, ont rendu plus facile la solution qui a mis fin à une situation si pesante. Un tel service rendu au pays ne sera pas la moins belle page d'une vie déjà longue et remplie de travaux. Aussi voyez combien s'est encore accrue l'influence de cet homme d'État au sein des deux Chambres. Voyez comme la majorité marche sous sa direction dans ces luttes légales, dans ces explosions parlementaires qui sont la rude et noble condition de la liberté. Si M. Guizot apporte à la tribune le poids du crédit, de la considération, de la sympathie respectueuse que l'Europe lui accorde et lui témoigne, il pèse aussi sur l'Europe de toute l'autorité morale dont les Chambres l'ont investi, qu'elles lui continuent et lui renouvellent. C'est aujourd'hui un fait avoué de tout le monde, son talent même a grandi avec sa situation. A son éloquence d'autrefois, chaude et fière, il joint un talent nouveau, plus calme et plus mûr. Il est aussi fort, sans agression; aussi hardi, sans écart. C'est bien l'orateur politique, l'homme d'État d'une grande nation. Il semble que la cause de l'ordre, des lois, des libertés publiques, paraîtrait moins haute, moins belle, moins sûre de son avenir, si elle manquait d'un tel défenseur.

CHAPITRE V.

Fortifications de Paris.

En travaillant au rétablissement de la politique de paix, le ministère du 29 octobre n'a pas cessé toutefois de prendre les mesures qui devaient assurer, pour le jour où elle eût été nécessaire, la défense du pays. Les armemens furent fixés à six cent mille hommes. Des crédits étaient votés par les Chambres pour la fortification d'un grand nombre de points du territoire, pour l'amélioration de nos places de guerre, de nos arsenaux, de nos ports. Enfin les fortifications de Paris étaient décrétées. Cette organisation de la défense nationale a produit, il est vrai, des charges considérables, mais le ministère ne devait-il pas, autant que l'exigeaient la sûreté et l'honneur, pourvoir aux nécessités en face desquelles il se trouvait et dont la responsabilité ne peut s'adresser à lui?

On a fait valoir contre les fortifications de Paris des vues d'économie politique, des argumens que je ne saurais admettre. Je suis de ceux qui ont hautement applaudi à cette mesure de salut public. L'émotion causée par les derniers événemens était vive; les conséquences restaient incertaines. L'isolement de la France exigeait des actes de vigilance, de précaution, de dignité. Ce n'était donc pas une dépense inutile et vaine que celle qui répondait à ce que voulaient la sûreté et la fierté du pays. Il pouvait y avoir dissidence sur les moyens d'exécution, sur les questions techniques et purement militaires; il ne peut pas en exister, pour les hommes qui veulent la monarchie de 1830, sur la nécessité, l'efficacité de la mesure.

On a parlé, je le sais, du péril que les fortifications de Paris pourraient faire courir un jour, soit à la cause de l'ordre et du régime constitutionnel, soit à la politique de paix. L'objection, au point de vue intérieur, ne vaut pas même qu'on la discute. Le pouvoir qui serait capable de l'attentat auquel on fait allusion n'aurait pas besoin de tels moyens. La fameuse Commune n'a pas eu besoin des fortifications de Paris contre la Convention, ni la Convention contre la Commune, ni la Montagne contre les Girondins. Il me semble que l'homme du dix-huit brumaire s'en est également assez bien passé. Les scrupules qu'on a montrés sont honorables; mais qui ne sent que désormais, même sous le flot des événemens et sous le vent des passions, le régime constitutionnel est plus fort en France qu'aucun pouvoir? Cette ceinture de pierre, cette couronne de feu, seront l'armure de notre capitale et des libertés de la civilisation moderne.

Quant à l'Europe, elle n'a pu voir dans ce que nous avons fait que ce qu'elle a fait elle-même. Les forts détachés et l'enceinte de Paris s'élèvent en vertu du même droit que les fortifications de Rastadt, de Mayence, d'Ulm et de toute la rive droite du Rhin. L'Allemagne a couvert ses points les plus vulnérables. Pourquoi donc n'aurait-on pas mantelé Paris sans compromettre la politique de paix?

Cela était juste, légitime, et d'une utilité qu'on ne peut entendre contester sans en ressentir quelque émotion. Inutile, et pourquoi? Est-ce que Paris prétendrait au honteux privilége de ne devoir, en aucun cas, soutenir un siége, prolonger sa résistance, souffrir enfin, et longtemps s'il le faut, pour le salut du pays? Est-ce que Paris serait excepté de ce stoïque tribut de sang et de faim que nos provinces ont si souvent payé, et que nous devons tous à cette terre qui est la patrie de nous tous? Non, Paris n'a jamais rien voulu de ces lâchetés. La population parisienne proteste contre de semblables objections. Ah! si ces chefs-d'œuvre de la civilisation dont quelques voix ont d'avance déploré la perte, si ces monumens, ces musées, ces trésors précieux de la science et des arts pouvaient nous inspirer une telle faiblesse, il ne faudrait pas attendre que l'étranger vînt les détruire; nous devrions nous-mêmes y porter le feu. Nous saurions combattre après.

L'Europe, la France, ont gardé souvenir des deux invasions: 1814 et 1815 sont des dates toujours flamboyantes. Ces désastres de notre patrie, on les attribue surtout à l'impossibilité où Paris se trouva alors de se défendre pendant quelques semaines contre les armées coalisées. En France, comme ailleurs, on est demeuré convaincu que si, à cette époque, Paris avait été fortifié, sa résistance prolongée aurait opéré une diversion puissante et changé l'issue de la guerre. Était-il donc inutile de satisfaire à cette impression restée dans la mémoire des peuples? N'est-ce rien que de faire dans l'avenir, à une guerre générale, à une guerre peu probable, mais enfin possible, un autre aspect, un autre terrain et de nouvelles conditions? Aujourd'hui les armées marchent droit aux capitales : elles visent les États au cœur; c'est une tactique que nous avons enseignée : eh bien! donc, que notre capitale soit désormais une place forte! qu'elle s'élève toute cuirassée et prête à recevoir sans faiblir plus d'un coup de feu! Cela affermira la paix en refroidissant les souvenirs. Avoir fortifié Paris, c'est avoir fait une grande chose, et digne d'un ministère que préside M. le maréchal Soult.

CHAPITRE VI.

Question d'Espagne.

J'ai encore à dire un mot, en ce qui touche à la politique extérieure, de deux questions importantes qui ont vivement occupé les esprits : celle d'Espagne et la question du droit de visite.

On reproche à la France de s'être aliéné les sympathies de l'Espagne ; on le reproche à la maison de Bourbon. Ces deux griefs ne sont pas fondés.

Il suffit de se rappeler un moment les faits historiques pour se convaincre qu'il n'est pas vrai que l'affaiblissement des libertés de l'Espagne et la ruine de son droit national datent de l'avénement des Bourbons dans ce pays. Les descendans de Henri IV et de Louis XIV n'ont point mérité cette imputation. Si l'Espagne veut être juste, si elle veut savoir comment ses libertés ont disparu et comment elle a courbé la tête sous un joug de fer, elle n'a qu'à demander au monde ce qu'ont été la politique et la puissance de Charles-Quint et de Philippe II. Voilà les vrais despotes de l'Espagne ; voilà ceux qui ont altéré son caractère national, aboli ses institutions, et réduit l'Espagne, malgré l'étendue de son territoire et de ses vastes et riches possessions, à la situation inerte d'un de ces petits États que les rois en mourant léguaient par testament aux Romains. Ce ne sont pas les Bourbons qui ont ravi ses libertés antiques à l'Espagne, et c'est une femme de cette illustre maison, c'est la reine Christine qui les lui a rendues et les a proclamées de nouveau.

L'histoire, que les passions contemporaines ne peuvent corrompre, sera juste envers cette reine aujourd'hui récompensée de ses bienfaits par l'exil. L'histoire dira avec quel courage, que plus d'un souverain n'a pas su avoir dans ce siècle, elle lutta contre les factions et les regarda sans pâlir! Elle voulait l'Espagne libre, et libre dans des conditions d'ordre et de sécurité. Vainement a-t-on poursuivi cette jeune femme de calomnies et d'outrages; quels que soient les événemens futurs, la liberté de l'Espagne datera du règne de Christine.

Quant à la France, oui, il est vrai qu'il lui arriva de porter atteinte à la nationalité de l'Espagne. Napoléon fut coupable de ce crime. Si quelques sentimens hostiles à la France subsistent encore dans la Péninsule, c'est aux scènes de Bayonne qu'il faut en demander compte. Cette spoliation du père par le fils, du fils par le père; cette inique invasion dans un pays allié, qui nous était fidèle, qui avait combattu avec nous à Trafalgar, voilà l'origine et la cause des ressentimens qu'une nation fière a longtemps nourris contre nous. Mais ces fautes furent celles d'un homme et non de la France. Depuis 1830, par quels services n'avons-nous pas effacé ces souvenirs?

Nous avons reconnu, dans l'intérêt de la liberté espagnole, la transmission du droit héréditaire sur la tête de la jeune reine Isabelle;

nous avons reconnu cette royauté que l'Europe voyait de mauvais œil et qu'elle a respectée à cause de nous. Nous avons reconnu le statut royal, le mouvement de la Granja, la Charte actuelle de l'Espagne. Pourquoi ? parce que nous avons pensé que l'Espagne était maîtresse de ses destinées. Les scènes de Valence, l'abandon, l'exil de la reine Christine, l'établissement d'une régence nouvelle, n'ont pu même nous déterminer à rompre nos relations. Et cependant quelle chaîne d'événemens et de situations diverses avait été parcourue ! Nous aurions pu dire que la reconnaissance d'une révolution n'entraînait pas la nécessité de reconnaître toutes les révolutions postérieures ; nous aurions pu nous ranger du côté de l'Europe, livrer l'Espagne à elle seule, lui retirer notre appui moral. Nous ne l'avons pas fait ; nous n'avons pas voulu le faire.

Nous avons toujours souhaité de bonne foi l'affermissement de la royauté constitutionnelle d'Isabelle II ; nous avons cherché à y contribuer. Il nous a paru que tant qu'un gouvernement monarchique et constitutionnel subsistait en Espagne, nous nous devions à nous-mêmes, nous devions à l'intérêt de la révolution de Juillet d'appuyer, de maintenir, autant qu'il était en nous, ce gouvernement. Aussi le parti français est-il encore le plus considérable, le plus nombreux, le plus influent en Espagne. C'est ce parti qui veut le plus sincèrement le régime constitutionnel; c'est à lui que se rattachent les espérances de la nation. Notre conduite envers l'Espagne, depuis douze ans, nos bons offices envers elle, le secours, l'appui que nous lui avons prêtés, ont effacé complétement, dans le cœur de tous les Espagnols éclairés, le souvenir des torts de Napoléon.

Je n'ai pas cherché à dissimuler la bienveillance du gouvernement du Roi pour la reine Christine. Est-il vrai cependant que cette bienveillance soit allée jusqu'à une connivence avec les insurrections d'O'Donnell et de Diego Léon en octobre 1841? En aucune façon. Les débats de la tribune, à Paris et à Madrid, ont prouvé le contraire. Il a été établi que plusieurs avis avaient été donnés par des autorités françaises aux agens du gouvernement de l'Espagne, que nous avions arrêté l'entrée des réfugiés dans leur pays, que nous les avions même internés dans des départemens éloignés de la frontière. Que pouvait-on de plus? N'était-ce point là remplir tous les devoirs imposés par un bon voisinage et par le droit des gens? Le gouvernement français ne peut pas empêcher que des révoltes éclatent à Madrid; que, sur vingt à trente mille Espagnols réfugiés chez nous, deux ou trois mille parviennent, dans un moment donné, à franchir tout à coup la frontière. Nous n'avons trempé dans aucun complot. Cela n'eût pas été digne de la France. La France a averti, elle a prévenu; elle ne pouvait pas tout empêcher.

L'Opposition, dans les deux pays, s'est montrée très-exigeante dans cette circonstance. Le droit des gens n'admet pas l'étrange responsabilité qu'on aurait voulu créer. Lorsque Mme la duchesse de Berry débarqua en Provence en 1832, avec une escorte d'émigrés politiques, en avons-nous demandé raison à d'autres puissances? Lorsque Louis Bonaparte a débarqué à Boulogne, avons-nous cherché à rendre l'Angleterre responsable de cette conspiration? Nous avons soigné nous-mêmes nos propres affaires. Nous avons puni nos vaincus, comme Espartero les siens. Diego Léon et ses complices ont été fusillés. Louis Bonaparte, deux fois pris en flagrant délit, est en prison au fort de Ham.

Le gouvernement français avait si peu connivé aux événemens d'octobre, qu'à ce moment-là même il venait de nommer un ambassadeur à Madrid. C'était un nouveau témoignage de sympathie qu'il donnait à la royauté d'Isabelle II; l'aurait-il fait s'il avait cru une crise prochaine, s'il avait cherché à affaiblir en Espagne et en Europe la considération du régent?

A la vérité, une question nouvelle est survenue à cette occasion, et notre ambassadeur, accrédité non auprès du régent, mais auprès d'Isabelle II, a dû bientôt après revenir en France. Cet incident est regrettable, mais il ne saurait être attribué avec justice au mauvais vouloir du ministère français. Dans cette question, qui n'est pas une pure question d'étiquette, comme l'Opposition a voulu le dire, le gouvernement français a eu pour lui l'assentiment de tous les cabinets, les principes du droit des gens, l'autorité des précédens et des usages constamment suivis, et enfin celle de la raison même.

L'ambassadeur ne peut, en effet, être accrédité qu'auprès de la personne royale, et non auprès de celui qui remplit provisoirement les fonctions attribuées à la royauté; car autrement il pourrait se faire qu'une révolution ayant lieu et les situations étant changées, le gouvernement se trouvât engagé, par une première démarche, vis-à-vis d'un pouvoir nouveau, dont il ne reconnaîtrait pas le droit, et auprès duquel cependant un ambassadeur de ce même gouvernement se trouverait accrédité. Le ministère avait été aussi loin qu'il l'avait pu pour prouver son désir de maintenir les bonnes relations, lorsqu'il avait autorisé, par dépêche télégraphique, M. de Salvandy à remettre ses lettres de créance à la reine, en présence du régent.

Au surplus, ce différend n'a pas eu les suites

que nos hommes à opinions radicales s'empressaient de prédire. Et, à ce propos, on ne peut s'empêcher de remarquer combien les doctrines de la gauche changent avec les situations. La gauche ne cesse de reprocher au gouvernement, depuis douze années, de sacrifier l'influence, la dignité nationale, au désir de maintenir la paix. Elle n'a pas voulu comprendre, depuis douze ans, que ce qu'elle appelle une politique faible et pusillanime n'est qu'une politique modérée et sage, qui est parvenue, au moyen de transactions et de concessions réciproques, à préserver l'Europe et le monde d'effroyables calamités. La gauche a toujours voulu, depuis douze ans, en appeler à la guerre et au droit de l'épée. Elle n'a cessé de nous parler de notre peu d'influence, et de se plaindre de la modération du gouvernement. Mais si un différend se montre entre la France et un pouvoir démocratique; si la France a à se plaindre d'un peuple en révolution; si des anarchistes, des républicains, comme cela est arrivé à Valence, boivent dans un banquet à la mort de notre Roi, à la destruction de notre gouvernement, oh! alors les grandes susceptibilités de l'Opposition cessent aussitôt! La France aurait tort de se montrer trop sévère. Il faut savoir tout supporter. A peine sera-t-il permis de caractériser à la tribune, comme elles le méritent, les violences d'une faction étrangère. La gauche et la plupart de ses journaux se trouvent alors tout à coup épris de l'étranger. Les démagogues de Paris ouvrent déjà leurs bras aux démagogues de Barcelone! Les extravagantes fureurs de la presse républicaine d'Espagne sont complaisamment reproduites par les journaux républicains de Paris. Notre Roi est suspect à nos grands déclamateurs de nationalité; notre gouvernement a tous les torts. Ces journaux ne sont plus à Paris que les organes des doléances, des réclamations de l'étranger contre la France et contre son gouvernement. A l'Espagne, au régent Espartero, il faut tout céder; à l'Europe, rien. Plutôt la guerre avec l'Europe entière que la moindre concession! Mais plutôt toutes les concessions et toutes les faiblesses qu'une difficulté, même la plus juste, avec le général Espartero! Toujours deux poids et deux mesures, telle est la logique, telle est la loyauté de l'esprit de parti.

CHAPITRE VII.

Le Droit de Visite.

La question du droit de visite doit nous arrêter plus longtemps. La vivacité des préoccupations que cette question a soulevées dans les Chambres et dans le pays exige, malgré les étroites limites que je me suis tracées, un examen plus développé et plus étendu. Je dirai d'abord quelque chose de la question en elle-même; j'exposerai ensuite les faits survenus et la valeur des engagemens qui ont eu lieu.

Tout le monde est d'accord aujourd'hui sur la nécessité d'abolir l'infâme trafic des noirs. Les gouvernemens de l'Europe, les gouvernemens chrétiens, ont trop longtemps toléré ces exécrables spéculations : la traite, l'esclavage, n'ont plus aujourd'hui de défenseurs avoués. La France et l'Angleterre se sont honorées devant toutes les civilisations en prenant l'initiative de cette réparation grande et tardive aux inviolables droits de l'humanité. La France et l'Angleterre ont obéi aux mêmes motifs, à la force du sentiment religieux, à l'énergie d'une pensée juste et sainte. Il faut dénaturer tous les faits pour attribuer à l'Angleterre une pensée de perfidie et d'intérêt politique dans cette solennelle question. Non, les nobles et généreuses inspirations de Wilberforce dans le Parlement britannique; non, les sacrifices imposés au commerce anglais par la cessation de la traite, qui s'élevait à plus de 40 millions d'achat de noirs, avec un mouvement commercial à peu près du double; non les 500 millions payés par l'Angleterre pour affranchir les esclaves dans les colonies, et la perte enfin du tiers du produit des Antilles, à peu près 70 à 80 millions par an, tout cela n'est point le calcul et le résultat d'une pensée perfide et intéressée.

Mais, dit-on, il ne faut pas confondre la traite et le droit de visite. L'abolition de la traite est désirable, nécessaire; le droit de visite est vexatoire, odieux. Abolissons la traite, mais repoussons ce qui tend à porter atteinte à l'honneur du pavillon national. A mon avis, on a beaucoup exagéré soit le nombre, soit la gravité des abus auxquels le droit de visite a pu donner lieu. Je ne me plains pas de la vivacité du sentiment qui s'est manifesté à cet égard : ces protestations de l'opinion publique, bien qu'exagérées, sont honorables, et, jusqu'à un certain point, si elles produisent quelques difficultés, elles sont aussi un élément de force pour un gouvernement. Avouons toutefois que les inconvéniens signalés n'ont pas tout à fait le caractère de gravité qu'on leur attribue, puisque le droit de visite s'est exercé sans que l'opinion s'en préoccupât en aucune manière pendant onze ans.

Depuis 1817, les gouvernemens de l'Europe ont cherché avec persistance les moyens les plus efficaces de réprimer la traite des noirs; une pénalité sévère a été établie; diverses mesures ont été prises : le droit de visite a été reconnu, jusqu'à présent, comme le seul mode par lequel on pût véritablement arriver à l'abolition de cette infamie des nations modernes. C'est avec l'approbation, c'est à l'instigation des hommes qui sont le moins partisans du pouvoir en Angleterre et en France, que le droit de visite a été établi.

Dès l'instant que ce droit est réciproque entre les parties contractantes, comment pourrait-il contribuer à la suprématie de l'une d'elles? Comment l'honneur de notre pavillon aurait-il plus à souffrir que celui du pavillon de l'Angleterre? Est-ce parce que le nombre de nos croiseurs serait moindre que celui des croiseurs anglais? La différence a toujours été très-légère; l'Angleterre a actuellement quatre-vingt-un croiseurs, et nous en avons soixante-deux! De plus, le droit de visite ne s'exerce que dans certaines zones où il n'a eu lieu jusqu'ici que sur un petit nombre de bâtimens. D'après les renseignemens recueillis, le nombre des navires visités, tant français qu'anglais, n'a été, par exemple, que de douze par an, chiffre moyen, dans la station de l'Afrique occidentale. Est-ce là ce qui peut constituer cet espionnage, cette inquisition de notre commerce maritime qu'on a déplorés avec exagération?

On a proposé, pour obvier à tous les inconvéniens, de laisser à chaque État le soin de surveiller et de visiter ses propres navires. Ce moyen serait complétement inefficace. Demanderez-vous à l'Autriche d'avoir des croisières assez nombreuses pour visiter ses navires? Le demanderez-vous à la Prusse, à la Sardaigne, au royaume de Naples, à la Toscane, au Danemark? Et cependant, si l'on posait le principe que les navires ne peuvent être visités que par les croiseurs de leur nation, tout pavillon qui n'aurait pas à craindre de croiseurs ferait la traite pour tous. Il suffirait même de changer de pavillon, en passant d'une croisière à une autre, pour la faire avec facilité.

Telles sont les considérations qui ont servi de base aux traités de 1831 et de 1833, et qui ont fait que l'on a toujours travaillé depuis cette époque, en France et en Angleterre, à étendre ces traités à la totalité des puissances maritimes.

Ceci m'amène à l'historique des négociations; je l'aborderai sans m'arrêter d'ailleurs à ce qui a été dit au sujet du *Marabout*, de *la Sénégambie* et de deux autres navires capturés par des croiseurs anglais. Les faits ont été graves, déplorables, criminels; mais le gouvernement français a réclamé, comme les traités lui en donnaient le droit, et déjà de légitimes réparations, tant matérielles que morales, ont été obtenues. Je passe donc outre, et je veux surtout expliquer, quelle que soit d'ailleurs l'opinion qu'on puisse avoir sur le fond de la question en elle-même, comment le ministère actuel a été amené à conclure et à signer le traité de 1841, lequel, du reste, n'est pas et ne sera pas ratifié.

Le traité de 1831, qui a établi le droit de visite réciproque entre la France et l'Angleterre pour l'abolition d'un abominable trafic, a été conclu, signé et ratifié sous le ministère de Casimir Périer. Pense-t-on que Casimir Périer n'eût aucun souci de l'honneur de notre pavillon? Le traité de 1831 fut fait par le ministère de Casimir Périer, et l'Opposition, si vive alors contre cet homme d'État, ne fit entendre à ce sujet ni réclamation ni plainte.

Le traité de 1833, qui est une confirmation de celui de 1831, a été fait sous le ministère du 11 octobre, dont M. Thiers faisait partie comme ministre du commerce. L'Opposition, à cette époque, n'éleva encore aucune réclamation. Sous le ministère du 22 février comme sous celui du 1er mars, M. Thiers a toujours travaillé à l'exécution de ces traités; voici ce qu'il a dit lui-même dans la séance de la Chambre des Députés du 19 mai dernier; je cite d'après le *Moniteur*:

« Arrivé au ministère des affaires étrangères, j'ai trouvé les traités de 1831 et de 1833 devenus lois de l'État, et voici ce que j'ai fait. J'ai fait et *je ferai toujours* ce que doit faire tout ministre des affaires étrangères qui est fidèle à l'honneur de son pays et à la parole de son gouvernement : j'ai exécuté les traités; je n'ai fait qu'exécuter strictement les traités de 1831 et de 1833, et je défie, quelque ennemi qu'on soit du droit de visite, de devenir ministre des affaires étrangères et de ne pas exécuter les traités, jusqu'au jour où une déclaration solennelle faite à une puissance porte qu'on ne les exécutera plus, sauf le cas de guerre, *si on veut en courir les chances.* »

En effet, non seulement M. Thiers, conformément aux traités de 1831 et de 1833, a entretenu les croisières françaises et autorisé les commissions des croiseurs anglais pour exercer le droit de visite réciproque, mais encore il n'a pas cessé de provoquer l'accession des autres puissances maritimes. « C'est cette accession des puissances maritimes, a dit M. Thiers dans la même séance, que tous les ministres des affaires étrangères, sans exception, *ont recherchée et ont dû rechercher.* » M. Thiers pensait que, pour plusieurs motifs, cette accession *était urgente;* il a lui-même sollicité en 1836 l'accession de l'Espagne et du Portugal aux traités de 1831 et de 1833, et, à la même époque, il a fait accéder la Suède. En 1834, le Danemark avait déjà adhéré.

De son côté M. le comte Molé, sous le ministère du 15 avril, travailla également à l'universalité de la répression de la traite par le principe du droit de visite; et ne trouvant pas dans les gouvernemens espagnol, portugais et brésilien, les dispositions désirables, il avait recours à l'intervention du gouvernement anglais, et le priait de peser sur ces gouvernemens pour les déterminer à l'accession aux traités de 1831 et de 1833. M. le comte Molé obtenait, à la même époque, cette accession de la part des villes anséatiques, de la Toscane et du royaume de Naples.

Ainsi l'on voit que le soin de faire accéder toutes les puissances maritimes aux traités conclus entre la France et l'Angleterre pour la répression de la traite par le principe du droit de visite, était la pensée constante de tous les ministères successifs.

Mais pourquoi et comment la pensée d'un traité nouveau a-t-elle pris la place d'une adhésion pure et simple aux anciens traités de la part des puissances? Voici l'explication qu'a donnée M. Thiers dans le discours déjà cité :

« Ce qui avait donné ouverture à la proposition de l'Angleterre, a dit M. Thiers, c'est que la Prusse, la Russie et l'Autriche avaient déclaré qu'elles étaient trop grandes puissances pour ne faire qu'adhérer comme le Danemark, la Suède, les villes anséatiques, la Toscane et le royaume de Naples; qu'il fallait pour elles un traité nouveau. »

Cette pensée d'un traité nouveau était ancienne ; elle remonte à 1834.

Le 7 février 1834, M. l'amiral de Rigny, à qui personne ne pourrait reprocher de n'avoir pas tenu à l'honneur de notre pavillon, écrivait la lettre que voici :

M. le comte de Rigny, ministre des affaires étrangères, etc., à MM. les ambassadeurs du Roi près les cours de Londres, de Saint-Pétersbourg, de Berlin, de Vienne, de Turin et de Naples.

« 7 février 1834.

« MONSIEUR,

« La France et la Grande-Bretagne, animées du désir de mettre un terme à la traite des noirs par des moyens de répression plus efficaces, ont signé, à cet effet, le 30 novembre 1831 et le 22 mars 1833, deux conventions avec annexes dont j'ai l'honneur de vous adresser ci-joint deux exemplaires lithographiés. Ces annexes sont : 1° Les instructions générales et spéciales à donner aux commandans des bâtimens de guerre respectifs; 2° les mandats destinés à les autoriser à visiter les bâtimens des deux nations dans des parages déterminés; et 3° les modèles de signaux à l'usage des croiseurs respectifs.

« Les deux gouvernemens étant convenus, par un article de l'arrangement du 30 novembre, d'inviter les autres puissances maritimes à y accéder, vous voudrez bien, Monsieur, simultanément avec votre collègue l'ambassadeur ministre d'Angleterre qui a dû recevoir les instructions analogues, transmettre cette invitation au gouvernement de S. M. l'empereur ou roi de par une Note dont vous trouverez ci-joint le projet arrêté de concert entre nous et le cabinet britannique. Vous pourrez, si M. le ministre d'Angleterre s'y trouve également autorisé, ajouter à la dernière phrase ces mots : *Et à réaliser cette accession au moyen d'un traité formel.* Nous avons fait proposer cette addition au cabinet de Londres, en le laissant toutefois seul juge de sa convenance.

« La Russie, l'Autriche, la Prusse, etc., dont les sujets, il faut le reconnaître, sont jusqu'ici demeurés presque entièrement étrangers à l'odieux trafic des noirs, s'associera sans doute avec empressement aux vues philantropiques qui ont dicté ces nouvelles conventions.

« Distinguant avec soin ce qui, dans la répression de la traite, appartient au droit privé de chaque peuple et ce qui touche au droit des gens, ce n'est que sur cette dernière partie de la question que la France et l'Angleterre ont cherché à s'entendre; placés sur ce terrain, et n'envisageant que l'intérêt de l'humanité, les deux gouvernemens se sont élevés au-dessus de vaines susceptibilités qui n'ont été que trop souvent confondues avec les véritables sentimens de l'honneur national, et ils n'ont pas hésité à accorder réciproquement à leurs croiseurs le droit de visite sur les bâtimens marchands respectifs, droit sans lequel la poursuite efficace des négriers est impossible. Du reste, cette concession a été strictement renfermée dans les limites où le besoin s'en faisait sentir, et entourée de précautions sévères qui écartent jusqu'à la possibilité d'un abus.

« Mais il est facile de comprendre que cette entente nouvelle et libérale entre la France et l'Angleterre ne peut produire tous ses fruits que par l'adhésion des autres puissances maritimes, et surtout de celles qui auraient moins de moyens de surveiller l'abus qui pourrait être fait de leur pavillon dans des mers lointaines. Je compte donc, Monsieur, sur tout votre zèle pour déterminer, de concert avec M. l'ambassadeur ou le ministre d'Angleterre, l'accession du gouvernement russe aux conventions que vous êtes chargé de lui communiquer.

« Des démarches dans le même but se poursuivent auprès de plusieurs autres puissances maritimes, et notamment auprès des États-Unis.

« Le Danemark qui, le premier, avait donné l'exemple de l'abolition de la traite, a aussi été le premier à répondre d'une manière favorable à la demande d'accession que la France et l'Angleterre s'étaient empressées de lui faire adresser, et il sera signé prochainement entre les trois puissances un traité formel d'accession qui contiendra en même temps quelques dispositions exceptionnelles commandées par l'infériorité des moyens de répression dont le Danemark peut disposer.

Recevez, etc. »

Ainsi, dès cette époque, M. l'amiral de Rigny autorisait formellement les ambassadeurs du Roi près les cours de Londres, de Pétersbourg, de Vienne, de Berlin, de Turin et de Naples, à presser l'adhésion de ces puissances au moyen d'un traité formel, d'un traité nouveau. Tous les cabinets, sans exception, qui se sont succédé depuis cette époque ont été occupés de la même œuvre.

En 1836, en exécution de la lettre que je viens de citer, une nouvelle négociation allait s'ouvrir pour arriver à la conclusion du nouveau traité. Le projet en fut communiqué à M. Thiers par M. le comte Sébastiani, ambassadeur du Roi à Londres, et M. Thiers transmit lui-même le projet de traité au ministère de la marine. Peu de jours après, il écrivait à l'ambassadeur du Roi à Madrid :

« MONSIEUR LE COMTE,

« Le gouvernement anglais nous a fait proposer dernièrement d'ouvrir à Londres des conférences *pour amener un traité général* sur la répression de la traite entre les cinq grandes cours ; *nous sommes disposés à entrer dans cette négociation ;* mais nous désirerions conclure auparavant nos négociations séparées avec les diverses cours, pour obtenir leur accession aux principes consacrés par nos conventions sur la traite avec l'Angleterre. »

Ainsi le ministère de 1836 continue l'œuvre du ministère de 1834. M. Thiers parle dans la question comme M. l'amiral de Rigny, et ne montre pas des dispositions moins favorables à la négociation d'un nouveau traité. Poursuivons.

Le 12 février 1838, M. le comte Molé, président du ministère du 15 avril, pour arriver à l'acceptation par toutes les puissances des traités de 1831 et de 1833, écrivait à M. le comte Sébastiani la lettre suivante, dans laquelle se trouve aussi indiquée la pensée d'un nouveau traité :

M. le comte Molé, ministre des affaires étrangères, à M. le comte Sébastiani, à Londres.

« 12 février 1838.

« MONSIEUR LE COMTE,

« La traite des noirs se continue, sous les pavillons brésilien, portugais et espagnol, avec des circonstances qui font honte à l'humanité. Les rapports qui nous sont parvenus à cet égard s'accordent avec les renseignemens qui ont été naguère révélés au sein du Parlement anglais.

« A part quelques causes secondaires que je ne relèverai pas ici, c'est, il faut le reconnaître, la poursuite même dont cet odieux trafic est l'objet qui a augmenté la cruauté de ceux qui s'y livrent. Cette poursuite n'est, en effet, souvent qu'une vaine menace dont les trafiquans s'exagèrent les dangers sans renoncer à les braver. Ainsi, lorsque les forces françaises et anglaises se trouvent réunies pour empêcher la traite, ce n'est en réalité que la force anglaise qui peut agir, puisque la France n'a pu encore obtenir le droit de visite à l'égard des pavillons les plus compromis. Et cependant il est certain que la présence de nos forces doit inspirer aux négriers des précautions qui malheureusement tournent toujours au détriment de leurs victimes. Un tel état de choses ne saurait durer; et en attendant que les gouvernemens européens se concertent sur un mode de répression *plus absolu*, il faut *au moins* que celui qui a été adopté de concert avec la France et la Grande-Bretagne devienne aussi *efficace* qu'il peut et *doit l'être*.

« Je viens en conséquence d'inviter les agens du Roi à Madrid, à Lisbonne et à Rio-Janeiro à appeler l'attention sérieuse et immédiate des gouvernemens auprès desquels ils sont accrédités sur les ouvertures qu'ils ont été chargés de leur faire pour obtenir leur accession, vis-à-vis de la France, aux principes arrêtés relativement à la répression de la traite, et à les presser de conclure les arrangemens que nous leur avons fait proposer dans ce but.

« Je vous prie, Monsieur le comte, de vouloir bien réclamer les bons offices du gouvernement de Sa Majesté Britannique pour faire appuyer les démarches que ses agens feront par suite de ces nouvelles instructions.

« Agréez, etc.

« MOLÉ. »

On voit que M. le comte Molé regardait alors comme nécessaire l'accession des gouvernemens européens aux traités de 1831 et de 1833, et travaillait à la réalisation d'un mode de répression plus *absolu*, c'est-à-dire un nouveau traité.

La dépêche de M. Molé est du 12 février 1838. Le 20 février 1838, M. le comte Sébastiani répondait à M. Molé :

Le général Sébastiani à S. Exc. M. le comte Molé.

« Londres, le 20 février 1838.

« MONSIEUR LE COMTE,

« Par sa lettre du 12 février dernier, Votre Excellence me charge de réclamer les bons offices du gouvernement anglais pour faire appuyer par ses agens les démarches prescrites à nos légations à Madrid, à Lisbonne et à Rio-Janeiro, dans le but d'obtenir l'accession des gouvernemens auprès desquels ils sont accrédités aux principes arrêtés entre la France et l'Angleterre relativement à la répression de la traite.

« Lord Palmerston a partagé entièrement l'opinion consignée dans la lettre de Votre Excellence; il s'est associé avec empressement aux efforts qu'elle est déterminée à faire pour assurer l'efficacité de la répression du trafic des esclaves, et il m'a chargé de l'assurer que des instructions seraient adressées aux missions d'Angleterre sur les trois points signalés par Votre Excellence, afin de déterminer leur loyal et sincère concours aux démarches des agens français.

« Lord Palmerston a désiré en même temps que je sollicitasse de Votre Excellence une réponse au projet de traité entre les cinq grandes puissances pour l'abolition définitive de la traite, projet transmis par l'ambassade au gouvernement du Roi le 8 juin 1841.

« Veuillez agréer, etc.

« *Signé* H. SÉBASTIANI. »

Ainsi, comme on voit, la pensée d'un traité nouveau subsiste toujours, indépendamment des démarches faites pour obtenir des accessions aux anciens.

Le 12 décembre 1838, fut signé à Londres le protocole suivant :

Protocole de la conférence tenue au Foreign-Office le 12 *décembre* 1838, *présens les plénipotentiaires d'Autriche, de France, de la Grande-Bretagne, de Prusse et de Russie.*

« Les plénipotentiaires d'Autriche, de France, de la Grande-Bretagne, de Prusse et de Russie, s'étant réunis en conférence d'après l'invitation des plénipotentiaires de France et de la Grande-Bretagne, afin de continuer les négociations pour un concert général des puissances de l'Europe ayant pour objet la suppression de la traite des noirs, négociations qui furent commencées à Vienne l'an 1815, et continuées depuis à Vérone l'an 1822, les plénipotentiaires de France et de la Grande-Bretagne proposèrent aux plénipotentiaires des trois autres puissances, aujourd'hui réunies en conférence, le projet de traité, annexe A.

« Les plénipotentiaires de France et de la Grande-Bretagne prièrent les plénipotentiaires des trois cours de transmettre ledit projet à leurs gouvernemens respectifs, dans l'espoir que les arrangemens renfermés dans ce projet pourraient être trouvés compatibles avec les droits et les intérêts des sujets des souverains respectifs, et propres à aider à faire cesser le trafic criminel dont il s'agit.

« Les plénipotentiaires des trois puissances se chargèrent de transmettre ledit projet de traité à leurs gouvernemens respectifs et de demander des instructions à cet égard.

« Sans préjuger les déterminations que leurs cours pourraient prendre, lesdits plénipotentiaires, chacun pour sa part, déclarèrent que leurs gouvernemens respectifs ont de tout temps partagé les sentimens d'indignation qu'inspirent au gouvernement britannique les actes criminels que les mesures dont il est question ont pour but de faire cesser.

« Les plénipotentiaires d'Autriche, de Prusse et de Russie ajoutèrent que leurs gouvernemens désirent aussi ardemment que peuvent le faire ceux de France et de la Grande-Bretagne, d'empêcher que leurs sujets ou leurs pavillons respectifs ne participent d'une manière quelconque au trafic des noirs.

« Les plénipotentiaires de France et de la Grande-Bretagne déclarèrent que leurs gouvernemens rendent une entière justice aux sentimens philantropiques et généreux des gouvernemens d'Autriche, de Prusse et de Russie, et sont les premiers à reconnaître que ni les sujets ni les pavillons de ces trois puissances ne prennent aucune part au trafic des noirs.

« Mais le but dont les gouvernemens de France et de la Grande-Bretagne se proposent l'accomplissement au moyen du traité en question, est celui d'empêcher que les bandits et les pirates d'autres pays, qui s'adonnent à ce commerce infâme, ne puissent se prévaloir des pavillons des trois puissances, afin de poursuivre impunément leurs criminelles entreprises.

« *Signé* Hummelaner, H. Sébastiani, Palmerston, Bulow, Pozzo di Borgo. »

Le projet proposé dans ce protocole aux trois autres puissances par la France et l'Angleterre était le même que celui de 1841, à cela près cependant que, dans le projet de 1838, l'extension donnée aux zones était beaucoup plus grande. Dans le projet de 1838 était comprise toute la côte des État-Unis, toute la portion septentrionale de l'Amérique et de l'Europe au-dessus du 32e degré de latitude nord, tandis que, dans le traité de 1841, toute cette portion de l'Europe et de l'Amérique est exclue; de sorte que, dans le projet de 1841, le commerce entre l'Europe et les États-Unis est à peu près complétement en dehors du droit de visite, tandis qu'il était compris dans le traité de 1838. Voilà la seule différence essentielle entre les deux traités.

M. le comte Sébastiani, qui venait de signer cette proposition adressée aux trois cours du Nord, au nom de la France et de l'Angleterre, transmit le protocole, le lendemain 13 décembre, à M. le comte Molé, par la lettre que voici :

« Londres, le 13 décembre 1838.

« MONSIEUR LE COMTE,

« J'avais reçu hier l'invitation de me rendre au Foreign-Office, conjointement avec les représentans d'Autriche, de Prusse et de Russie. Lord Palmerston voulait communiquer aux trois cours du Nord, par l'organe de leurs ambassadeurs à Londres, le projet de traité à cinq pour la suppression de la traite, que j'ai déjà eu l'honneur de faire parvenir au gouvernement du Roi dans les premiers jours de juin 1836.

« Les ambassadeurs de Russie, de Prusse et d'Autriche ont assuré lord Palmerston que leurs gouvernemens étaient très-disposés à concourir avec la France et l'Angleterre à cette négociation, et ils ont pris le projet de traité *ad referendum*.

« Lord Palmerston m'avait demandé, avant la conférence, si, dans le protocole qui en serait dressé, il pourrait présenter les plénipotentiaires de France comme s'unissant aux plénipotentiaires anglais pour engager les trois cours à accepter le projet de traité en question. Je crois qu'il est utile, en ce moment, dans une négociation secondaire, de donner aux deux cabinets le même rôle et le même langage. Je me suis toutefois réservé d'introduire dans le traité les modifications que le gouvernement du Roi jugerait convenable d'y apporter. Je prierai Votre Excellence de vouloir bien me faire connaître ses intentions à cet égard aussitôt qu'elle aura le loisir d'examiner le document imprimé que je joins à cette dépêche.

« Agréez, etc. »

M. le comte Molé ne répondit rien. Il n'avait pas autorisé, il est vrai, la signature de l'ambassadeur de France; mais une autorisation expresse était-elle véritablement nécessaire dans l'état des choses, lorsque depuis quatre ans la pensée de négocier un traité nouveau sur le droit de visite était celle de tous les cabinets? Si l'intention de M. le comte Molé avait été contraire à ce traité, il pouvait, il devait en informer antérieurement M. Sébastiani. Il ne l'a pas fait, et bien plus, lorsque M. le comte Sébastiani a eu signé le protocole, M. Molé ne l'a pas désavoué; il ne lui a dit ni oui ni non; il n'a pas accusé réception d'un acte aussi important, d'un protocole joint à un traité positif, rédigé par articles, avec tous les moyens d'exécution; et cependant le ministère du 15 avril n'a été renversé que trois mois plus tard, et, pendant trois mois, M. le comte Molé s'est tu. Eh quoi! un silence de trois mois sur un objet aussi grave, qui n'est pas nouveau, dont on s'est occupé pendant plusieurs années, à plusieurs reprises, n'est-ce donc pas un aveu?

Il est très-vrai que M. Molé était alors préoccupé de difficultés pressantes. A l'intérieur, la coalition; à l'extérieur, l'affaire belge. Il pouvait craindre, il a craint de soulever une question nouvelle; il a pensé sans doute que le traité qui lui était soumis par l'ambassadeur du Roi à Londres n'étant qu'en voie de négociation, il pouvait accepter cette négociation, sauf à aviser plus tard. Mais enfin il a profité pour sa situation, pour le maintien de la bonne harmonie de la France avec l'Europe, du bénéfice de cette signature. Il a cru qu'il ne pouvait, sans étonner profondément, sans blesser les puissances, faire naître un dissentiment à l'occasion d'un traité proposé par la France, de concert avec l'Angleterre, aux trois puissances du Nord. C'est pour cela apparemment qu'il n'a pas désavoué notre ambassadeur. Mais M. le comte Molé a-t-il pu croire qu'il aurait les avantages dont il profitait sans leurs conséquences nécessaires ?

En ne désavouant rien, en se taisant pendant trois mois sur un acte important, sur une communication officielle, sur une signature de notre ambassadeur, en maintenant M. le comte Sébastiani à son poste, M. Molé a réellement consenti; il a sanctionné, non pas le traité, mais la négociation du traité. C'est donc avec surprise qu'on a vu M. le comte Molé, dans la Chambre des Pairs, désavouer tardivement une signature qu'il avait couverte de son silence, et blâmer à la tribune un ambassadeur qu'il avait maintenu dans ses fonctions.

Je ne veux pas chercher si cette conduite a été habile; à coup sûr, elle n'est pas bonne. M. Molé a-t-il voulu complaire au cours actuel des idées sur cette question? Je l'ignore; je ne sonde pas les intentions et je ne voudrais pas les calomnier; mais, en faisant ce qu'il a fait, M. Molé a, involontairement sans doute, porté son hostilité plus loin et plus haut qu'il ne pouvait lui convenir.

Sait-on ce qu'ont dit les journaux de l'Opposition, en présence d'explications et de désaveux si étranges? Les journaux de l'Opposition ont repris aussitôt leur plus coupable thèse. Ils ont dit que nos ambassadeurs étaient tous placés dans une dépendance autre que celle des ministres. Ils ont dit que les ambassadeurs recevaient d'une autre personne que des ministres la plupart de leurs instructions. Ils se sont hâtés de mettre les désaveux de M. Molé à côté des paroles de M. Laffitte et des insinuations de M. Thiers. Il suffisait qu'on fût parvenu à attacher l'impopularité au traité de 1841, pour que ces journaux le désignassent aussitôt, le plus clairement du monde, comme l'œuvre personnelle de la royauté, comme le fruit d'une persévérance d'une politique que ces journaux qualifient on sait comment.

Voilà ce qu'a produit une maladroite, une impossible apologie! Voilà ce qui est sorti contre la royauté des paroles de M. Molé à la Chambre des Pairs! C'est là, qu'il me permette de le lui dire, c'est là une mauvaise politique. Vous n'aviez pas autorisé, déclarez-vous, la signature de M. Sébastiani. Qui donc l'avait autorisée? Vous n'avez pas approuvé cette signature, et cependant vous avez maintenu M. Sébastiani dans ses fonctions. Qui donc vous a contraint à l'y maintenir? Sous la Restauration, vous aviez été l'adversaire du droit de visite. Qui donc, sous le gouvernement de 1830, vous a obligé à chercher partout des accessions aux traités de 1831 et de 1833 par qui ce droit est consacré? Voilà ce qui s'est dit; voilà ce qui a été commenté. Les journaux de l'Opposition ont reçu avec bonheur un semblable thème des mains de l'ancien président du 15 avril. M. Thiers, dans ses plus mauvais jours, ne leur avait rien donné de mieux. Ah! ce n'est pas assez de défendre et de couvrir la royauté tandis qu'on est au pouvoir : elle a droit à un dévouement plus fidèle et plus complet. Quiconque la découvre et risque de la compromettre, même indirectement, manque à un grave devoir. Tout ministre qui n'avoue pas tous ses actes et les actes de ses agens, non blâmés ou désapprouvés par lui quand il était au pouvoir, fait de la politique égoïste et dissolvante. Tels sont mes principes, et si le zèle de la royauté m'emporte trop loin, ce motif du moins m'excusera, j'aime à le croire, auprès de l'ancien président du 15 avril.

Mais la vérité n'est pas dans ce qu'ont voulu dire à ce sujet les journaux de l'Opposition. Ce qui est vrai, c'est que, depuis cinquante ans, l'opinion de la France réclame contre un abominable trafic; ce qui est vrai, c'est que depuis 1830, les opinions libérales s'étaient montrées favorables à l'extinction de cette odieuse industrie, par le mode le plus efficace, le seul efficace peut-être. Ce qui est vrai encore, c'est que ni le traité de 1831, ni celui de 1833, n'avait excité les observations et les plaintes de l'Opposition dans les Chambres ou dans les journaux. Ce qui est vrai enfin, c'est que tous les hommes d'État, tous les ministres sans exception, l'amiral de Rigny, M. Thiers, M. Molé, ont constamment travaillé, depuis 1834, à la négociation d'un traité nouveau qui, par l'accord unanime des puissances, permît d'atteindre plus facilement, plus sûrement, un but si désirable, la réalisation d'une pensée de civilisation, de religion et d'humanité.

M. Guizot s'est trouvé en présence de l'ensemble de ces faits. En arrivant au pouvoir, il a reçu cette transmission de la même pensée, cet héritage de tous les ministères successifs. Le cabinet du 29 octobre n'a été invité qu'à adopter ce que le gouvernement français, de concert avec l'Angleterre, proposait constamment aux autres puissances. Cet ensemble de faits, cette suite de convictions, ces précédens créés par les hommes les plus honorables, ces intentions tant de fois et si énergiquement manifestées, ne devaient-ils pas être d'un poids immense dans l'esprit du ministère actuel?

M. Guizot a pris la détermination que tout autre ministre aurait prise à sa place. Il n'a pas pu, il n'a pas dû prévoir qu'un cours différent serait tout à coup donné aux idées. Il a autorisé l'ambassadeur actuel du Roi à Londres à signer le traité de 1841. Il avoue cette signature; il en accepte la responsabilité, la responsabilité tout entière. Mais l'opinion actuelle des Chambres étant connue, le sentiment actuel du pays s'étant manifesté, M. Guizot en a tenu compte, comme il le devait. Il n'est pas allé plus loin. Il ne s'est pas cru ni dit rigoureusement lié par les engagemens antérieurs. Il n'a pas ratifié le traité de 1841. Il ne le ratifiera pas tel qu'il est. Les puissances, qui, elles aussi, lorsqu'elles traitent avec un gouvernement loyal et sincère, prennent en grande considération l'opinion du pays et des pouvoirs constitutionnels, les puissances ont laissé le protocole indéfiniment ouvert.

Tel est aujourd'hui l'état des choses. La question qui semblait mûre, après tant d'épreuves successives, après un exercice du droit de visite sans réclamations, sans plaintes, sans faits graves, depuis onze ans, s'est présentée tout à coup sous un aspect nouveau. Un mouvement subit s'est opéré dans l'opinion des Chambres et du pays. Tout le monde y a cédé plus ou moins. Le ministère a tenu compte de ces faits, et dans les termes les plus catégoriques, les plus solennels, M. le ministre des affaires étrangères a déclaré aux deux Chambres que le traité actuel ne serait pas ratifié.

Au surplus, la majorité dans les deux Chambres n'a pas cessé de témoigner et de dire hautement que ce n'était point là une question de parti. En adoptant l'amendement de M. Jacques Lefebvre, en persistant dans la pensée de cet amendement, la Chambre des Députés a voulu qu'il fût bien entendu qu'elle ne blâmait point le cabinet actuel, qu'elle ne se séparait pas de lui; mais qu'elle repoussait purement et simplement un acte qui se rattachait à une pensée suivie depuis onze ans à travers toutes les successions de cabinets, à une pensée autrefois accueillie sans opposition par le pays. Il y a eu dans ces solennels débats un sentiment nouveau, un vœu évident et un fait matériel qui en a été la conséquence, c'est-à-dire la non-ratification du traité. Il n'y a pas eu de vote politique ni de manifestation de parti. La majorité ne s'est pas déplacée. Elle était autour du ministère dans les deux Chambres, aussi imposante, aussi unie, aussi nombreuse, le lendemain comme la veille des débats.

CHAPITRE VIII.

La paix à tout prix.

La politique de l'étranger.

Il suffit de résumer ce qui précède pour reconnaître que rien dans les faits ne justifie les déclamations de certains journaux contre la politique extérieure du cabinet.

Ces déclamations, au surplus, ne datent ni d'aujourd'hui ni d'hier. Casimir Périer, tout le temps que dura son énergique lutte contre les factions, fut, lui aussi, abreuvé des mêmes outrages. On ne les épargna pas davantage à l'austère conscience de M. le duc de Broglie et à tout le cabinet du 11 octobre, dont M. Thiers faisait partie. Il fut dit alors et répété, sous les formes les plus brutales et dans le langage le plus amer, ce qu'on dit aujourd'hui au ministère actuel. Nier la place que la France tient en Europe, représenter le gouvernement comme immolant lui-même nos intérêts, voir partout des sacrifices faits à une politique qui n'aurait rien de digne et de national, tel est le rôle que les adversaires du parti conservateur ont rempli depuis douze ans, et qu'ils ont toujours soutenu, sans s'occuper des désastreux effets que de semblables accusations pouvaient avoir au dehors.

Le parti révolutionnaire a toujours calomnié cette politique de transaction qui, par des concessions mutuelles, a fait échapper l'Europe et le monde à d'effroyables calamités. Il a toujours combattu cette politique européenne qui substitue aux désastres de la guerre, à l'action d'une force aveugle et déréglée, l'action pacifique et intelligente de la diplomatie. Pour complaire à ce parti, il aurait fallu, en attendant la grande fraternité humaine qu'on nous promet dans l'avenir, commencer par noyer tous les peuples dans des flots de sang. Le parti révolutionnaire voudrait allumer en Europe une guerre de principes et d'extermination. Il appelle ce fléau de tous ses vœux ; il en cherche l'occasion. Tant qu'on n'entrera pas dans cette voie, le parti révolutionnaire dira qu'on sert mal les intérêts de la France, qu'on méconnaît, qu'on trahit sa dignité et son honneur. Il a je ne sais quel besoin sauvage de meurtres, de guerres, de désastres immenses. L'Europe entière est une proie qu'il s'est promis de dévorer. Ne parlez ni de transactions ni de concessions mutuelles! Tout ce qui peut maintenir la paix est précisément ce que ce parti redoute et abhorre le plus. Il ne croit pas aux influences morales. Une propagande hideuse déployée sur toute l'Europe, voilà son rêve. La diplomatie, il en a pitié; les traités, il s'en indigne; l'ordre, les intérêts, que lui importe! Il en appelle, sur toutes choses, à l'épée et au canon.

Certes, depuis douze ans, l'Europe a accepté bien des changemens, bien des mécomptes! Le royaume des Pays-Bas a été brisé, Anvers bombardé, l'indépendance de la Belgique reconnue. Nous avons protégé l'établissement du régime constitutionnel en Portugal et en Espagne. Nous avons rendu à la Suisse, à son indépendance, des services importans. Nous avons enfin gardé, agrandi, fortifié, assuré notre conquête d'Afrique. Est-ce que le parti révolutionnaire s'est tenu content de si peu? Non, car il lui faut, je le répète, une guerre de principes et d'extermination. Tant que la France ne sera pas en lutte avec l'Europe, seule contre l'Europe, appelant les peuples aux armes contre les gouvernemens de l'Europe, soulevant les passions les plus perverses, présidant à d'effroyables malheurs, à un boûleversement général, tant qu'un tel spectacle n'aura pas désolé le monde, le parti révolutionnaire parlera incessamment de la *paix à tout prix* et de la *politique de l'étranger!* La démence d'Erostrate a saisi ces intelligences maladives.

Qui ne voit cependant qu'en maintenant le système de paix et de transaction, le parti conservateur a servi les intérêts les plus réels de la France, ceux qui peuvent le plus contribuer au développement de notre influence au dehors, comme de notre prospérité au dedans? Tout ce qui a été fait, depuis douze années, pour le progrès des intérêts matériels, pour l'affermissement de nos institutions, pour l'accroissement de notre importance politique, aurions-nous pu l'exécuter, s'il nous eût fallu combattre l'Europe entière? si nous avions entrepris cette lutte aveugle et sauvage contre tous les gouvernemens? Hélas! nous aurions eu, pour commencer, la dictature ou l'anarchie, et, pour finir, la dictature ou la défaite. Je n'aperçois, à travers de tels événemens, aucune place pour la civilisation, pour le progrès et la liberté.

Et le ministère actuel, qu'a-t-il fait pour justifier des déclamations si violentes? Dans la question d'Orient, il a substitué à une situation pesante et périlleuse une situation régulière. Sans aucun sacrifice d'honneur ou de dignité, il a rétabli notre bonne intelligence avec l'Europe; il a assuré l'Egypte héréditaire au pacha; il a aboli le protectorat exclusif à

Constantinople. Dans la question d'Espagne, il a donné de nouveaux gages de sympathie à une nation généreuse; il a soutenu la royauté constitutionnelle d'Isabelle II; il garde encore à Bourges un otage de cette grande question. Dans la question suisse, il a défendu et préservé l'indépendance de ce pays. Dans la question du droit de visite enfin, il a refusé, pour respecter l'opinion des Chambres, de ratifier le traité de 1841.

Croit-on que l'Europe ait toujours vu toutes ces choses sans déplaisir? Croit-on qu'aucun cabinet n'ait réclamé contre la captivité de don Carlos? Croit-on que la non-ratification d'un traité proposé depuis sept ans par la France d'accord avec l'Angleterre, soit un fait sans importance? Croit-on que les souvenirs de 1814 et 1815, souvenirs déjà ébranlés par l'indépendance de la Belgique, n'aient pas reçu une nouvelle atteinte de la loi qui décrète les fortifications de Paris? N'est-ce pas enfin le cabinet actuel qui a obtenu en Afrique les succès les plus constans? et n'est-ce pas depuis le 29 octobre que lord Aberdeen a déclaré qu'il n'avait plus d'objections contre notre grande colonie?

Etranges aveuglemens des passions! Le ministère qui a fait ces choses, suivi cette ligne de conduite, obtenu ces résultats, est accusé de manquer de fierté, d'indépendance et de patriotisme. Le ministère national, c'est celui qui a écrit la Note du 8 octobre, celui qui a assisté sans coup férir à l'exécution du pacha, celui qui a rappelé notre flotte des eaux de Syrie et de Grèce, celui enfin dont le chef a déclaré un jour à la France qu'elle ne serait jamais au premier rang parmi les puissances maritimes!

Il me semble cependant que, lorsque la confiance du Roi a remis le soin de la dignité et de l'honneur du pays à un homme d'État aussi éminent que M. Guizot, à un guerrier aussi illustre que M. le maréchal Soult, ces choix de la couronne présentaient quelques garanties. M. Thiers a mauvaise grâce à prétendre donner des leçons de susceptibilité et d'honneur au lieutenant de Napoléon. Le maréchal Soult ne veut pas d'une politique de bravades, cela est vrai; mais il sait manier cette épée de la France dont M. Thiers parle toujours. Les cicatrices et les cheveux blancs du vieux soldat valent bien les lauriers de théâtre que quelques écrivains décerneront en tout temps à quiconque daignera recevoir d'eux une facile et éphémère popularité. Eh! à qui persuadera-t-on qu'aux derniers jours d'une glorieuse carrière, M. le maréchal Soult consentirait à humilier un seul moment la fierté de son pays?

Si le ministère actuel a une juste influence auprès des cabinets, si l'Europe lui témoigne sa sympathie, c'est que l'Europe n'ignore pas que ce ministère représente en France les principes de conservation et d'ordre, qu'il ne transige point avec les mauvaises passions, qu'il agit en toutes choses avec loyauté, qu'il n'a pas deux politiques, une pour sa diplomatie, l'autre pour ses journaux, et que, comme il entend faire respecter partout les intérêts légitimes, les principes de la France, il respecte aussi les intérêts légitimes, les principes des autres peuples et des autres gouvernemens. C'est pour cela que le ministère actuel a pu obtenir de l'Europe des concessions qui n'auraient pas été faites à un autre. La politique de transaction a besoin d'une estime et d'une confiance réciproques. Plus un homme d'État a donné une haute idée de lui-même, plus il s'est montré fidèle à ses engagemens, constant dans ses principes, ferme, loyal, sincère dans toutes les situations, et plus aussi il lui est facile d'entretenir avec les puissances étrangères cette politique de transaction et de bonne intelligence qui subordonne les intérêts partiels et secondaires à l'intérêt supérieur et général. On fera pour lui ce qu'on ne ferait pas pour d'autres. On aura pour lui des égards, des ménagemens que d'autres n'obtiendraient pas. On croit à la loyauté de ses promesses, à la sincérité de ses explications. On prend ses résolutions au sérieux. Si des difficultés, des embarras se présentent, elles s'aplanissent plus aisément devant des efforts communs. Cet homme d'État pourra même, au besoin, prétendre et exiger plus qu'un autre, parce qu'on croit à sa rectitude de conscience, et qu'on ne se demandera pas quelles arrière-pensées se cachent dans ses prétentions.

Le crédit, l'influence du ministère actuel auprès de l'Europe, les témoignages de sympathie qui lui ont été donnés, n'ont pas d'autre cause. C'est un immense progrès que cet assentiment acquis dans toute l'Europe aux principes de conservation. Sous le rapport de la dignité, de l'influence, la France a encore grandi depuis vingt mois. Les fautes de M. Thiers sont réparées, et l'effet n'en est plus à craindre.

C'est à cause de cela précisément que le parti révolutionnaire attaque la politique extérieure du ministère actuel. Comme le but permanent de ce parti est d'exciter une guerre générale ou une catastrophe intérieure, l'une et l'autre s'il peut, et l'une par l'autre, il dénoncera sans cesse au pays quiconque suivra une politique contraire à ce but. Cela est arrivé à Casimir Périer, à M. de Broglie. Cela devait arriver également au maréchal Soult et à M. Guizot. Il fut un temps où M. Thiers, lui aussi, s'éleva jusqu'à mériter les mêmes calomnies, les mêmes injures, la même gloire. Mais le pays ne s'est pas laissé séduire aux cris insensés des factions.

CHAPITRE IX.

Politique intérieure du gouvernement de Juillet.

Je passe à la politique intérieure, et je crois nécessaire, d'abord, de constater quelques faits et d'établir quelques principes.

Une chose me paraît hors de discussion, c'est que la Monarchie représentative est depuis cinquante années, depuis 1789, le vœu politique de la France. Tout a changé au milieu de nous dans cette orageuse période, hommes et choses, gouvernemens et dynasties. Notre enthousiasme s'est pris aux noms et aux objets les plus contraires. Nous avons eu successivement les efforts de la lutte, les angoisses de la terreur, les fascinations de la gloire. Que de ruines accumulées ! quelles longues funérailles ! quels triomphes et quels revers ! A travers tant d'événemens, tant de désastres et de sacrifices, le vœu national n'a pas varié; il a persisté avec énergie. La grande majorité du pays n'a pas désespéré de sa nouvelle foi politique; elle a gardé respect et sympathie pour la pensée que la partie la plus saine, la plus éclairée de l'Assemblée Constituante aurait voulu, de concert avec l'antique Royauté, réaliser dès le premier jour de nos tempêtes.

La Restauration ne s'effectua et n'eut des chances de durée, que parce qu'elle promit, par la Charte, satisfaction à ce vœu.

Le maintien, l'affermissement de la Charte, tel est certainement, depuis 1814, la pensée presque unanime du pays.

On n'a pas oublié de quelle autorité populaire, de quelle puissance sur les esprits cette Constitution s'est trouvée investie dès son origine. Pendant les quinze années de la Restauration, la Charte a eu l'adhésion des hommes les plus éclairés, comme le respect des masses. C'est ce mot qu'on invoquait contre les partisans de l'ancien régime; c'est avec ce mot qu'on les arrêtait dans leurs funestes tentatives; avec ce mot on faisait reculer le génie sanglant des révolutions.

Lorsque la Restauration eut écouté des conseillers aveugles, lorsque les Ordonnances de Juillet eurent éclaté sur la France, quel cri retentit aussitôt, quel cri domina et gouverna la bataille? Un seul, toujours le même, partout répété : *Vive la Charte!* Ce cri disait tout, justifiait tout. Il prenait le tombeau de Louis XVIII et l'autel de Reims à témoins de la résistance populaire. Je n'en ai pas entendu d'autre pendant la puissante semaine de Juillet. La révolution se fit pour la Charte, pour le maintien et l'affermissement de la Charte. Quant à ces programmes constituans dont on nous a tant entretenus depuis, personne alors n'en avait ouï parler.

On se hâta, au contraire, de proclamer le maintien de l'ordre légal, des institutions et des pouvoirs établis, Royauté, Chambres, électeurs, jurés, magistrature. Des minorités turbulentes ont pu croire, en ce moment d'orage, qu'elles travaillaient à l'avénement de je ne sais quelle politique; mais le parti constitutionnel et conservateur savait très-positivement ce qu'il faisait. Sans cette juste appréciation des choses, sans cette fermeté, sans ce respect des institutions et des pouvoirs, la révolution de Juillet aurait perdu son vrai caractère.

Or, que faisons-nous depuis douze ans, nous qu'on accuse? Nous sommes restés les mêmes; comme le pays, nous n'avons pas changé. Ce que nous voulions sous la Restauration, ce que nous défendions contre les tentatives du parti de l'ancien régime, nous le défendons, depuis douze ans, contre ce même parti et contre les entreprises de la faction républicaine. Nous avons gardé notre devise du combat. Aussi la nation nous a-t-elle toujours soutenus; aussi est-elle avec nous. Ceux que la nation désavoue, sont ceux qui voudraient substituer à la Monarchie représentative un gouvernement républicain, ou mettre à la place de la Charte une de ces Constitutions artificielles, théoriques, arbitrairement inventées, sans passé comme sans avenir, sans rapport avec les faits, les traditions, les besoins, les mœurs, le caractère de notre pays et de notre temps.

Il y a des gens qui tiennent peu de compte de l'ordre tel que le comportent les faits et les principes traditionnels. Il leur faut une politique d'aventures. Ils voudraient, au dehors, bouleverser les conditions du système européen, et changer sans cesse au dedans les institutions et les lois. D'une main ils soulèveraient la propagande, de l'autre ils nous précipiteraient dans un état permanent de révolution. Leur sagesse allume volontiers l'incendie, pour avoir occasion de faire une part au feu. Toutes les fois que ces hommes arrivent au pouvoir, vous les voyez se heurter aux faits et les méconnaître, contrarier la direction habituelle du gouvernement, remettre en discussion et en doute les questions résolues, transiger avec les factions, affaiblir l'ordre, reculer devant l'exécution des lois. C'est ce parti que représentait, il y a onze ans, le ministère de M. Laffitte; c'est sur ce parti que s'appuyait le cabinet du 1er mars.

Pendant le ministère de M. Laffitte, le pays

courut grand risque de dévier de sa véritable politique, de la politique de la Charte. On entendit alors, en présence de l'épuisement de nos finances et parmi des scènes de désordre chaque jour renouvelées, on entendit les théoriciens demander, de concert avec les factions, la convocation d'un Congrès national, le vote universel, l'établissement d'une Constitution nouvelle, et mille autres folies. Heureusement la raison publique résista, et Casimir Périer, avec l'énergie de son caractère, sut faire prévaloir, sur ces utopies et ces dangereux entraînemens, la politique de la Charte, les principes d'ordre et de conservation.

C'est la gloire du gouvernement actuel d'avoir su tout d'abord ce qu'il voulait et comment il le voulait. Il a lutté, d'accord avec la grande majorité du pays, contre des passions factices et des programmes trompeurs. Il ne s'est pas plus laissé séduire par les illusions qu'intimider par la menace. Il est resté sur un terrain réel, celui que quinze ans de luttes légales et intelligentes avaient glorieusement consacré. Cela valait un peu mieux que d'aller demander à l'esprit systématique de quelques hommes ou aux tristes agitations des réunions anarchiques ce qu'il convenait d'expérimenter de nouveau sur le pays.

CHAPITRE X.

Progrès et changemens accomplis depuis 1830.

Ceux qui nous accusent d'avoir manqué à notre serment sont précisément ceux qui ont toujours voulu nous contraindre à le violer. Ceux qui nous reprochent d'avoir mal servi la cause des libertés publiques sont précisément ceux qui voulaient prosterner ces libertés devant la tyrannie des minorités factieuses. Ceux qui prétendent que nous avons affaibli, méconnu, trahi la révolution de 1830, sont ceux qui n'ont pu réussir à faire de cette révolution, malgré la France, un instrument de leurs vains systèmes. Nous avons respecté la Charte et les lois ; nous avons maintenu l'ordre et les libertés publiques; nous avons défendu la Royauté constitutionnelle et le droit des

Chambres : ceux qui nous accusent ont voulu toujours, ont fait quelquefois, ont essayé souvent et veulent encore le contraire. Voilà pourquoi ils nous accusent. On voulait la Charte pendant les quinze années de la Restauration ; on aurait payé des sacrifices les plus chers le maintien de la Monarchie représentative, telle que la Charte l'avait établie ; on a combattu pour la Charte en juillet ; et maintenant on serait un ennemi des libertés publiques et un mauvais citoyen parce qu'on soutient aujourd'hui ce qu'on réclamait alors ! Une semblable thèse est le comble de la déraison, lorsqu'elle n'est pas le langage d'une faction intéressée à le tenir.

Et encore, aurions-nous commis la faute de nous préoccuper exclusivement des principes d'ordre et de conservation ? Aurions-nous oublié les engagemens que nous avions pris, pendant la Restauration, à la tribune ou dans la presse ? Nous aurait-on vus repousser toute amélioration, tout changement, tout progrès ? La résistance du parti conservateur a-t-elle été si absolue ? Une sem-

blable conduite serait excusable, peut-être ; car enfin, après une révolution, lorsque l'émotion est entrée dans les esprits, lorsque certaines questions, toujours dangereuses, ont été remuées, lorsque certains principes ont été portés très-haut, la société a surtout besoin de se prémunir contre l'exagération de cette émotion, de ces principes ; mais cette conduite n'a pas été la nôtre. Le parti conservateur a eu confiance dans la raison publique, dans la force des institutions. Ce qu'il avait demandé pour la France au gouvernement de la Restauration, il l'a lui-même donné à la France. Il a fait plus, il a compris que, par suite des événemens, il y avait des besoins nouveaux, des nécessités nouvelles, dont il fallait tenir compte, et l'on pourrait dire peut-être avec plus de raison qu'il a été trop vite dans cette voie, que prétendre qu'il n'y a pas assez marché.

Le Roi, les Chambres, le pays ont suffi, depuis douze ans, à une grande œuvre. Rappellerai-je tous les progrès accomplis dans cette courte période : lois politiques, lois d'intérêts moraux et matériels, travaux publics, instruction publique, institutions de charité sociale, établissemens favorables à l'industrie, au commerce, à l'agriculture, au développement de la richesse du pays? Comptez tous les changemens, toutes les améliorations, tous les progrès, et plaignez-vous encore, si vous l'osez, de notre inflexible, de notre aveugle résistance!

L'hérédité de la pairie a été sacrifiée : n'est-ce rien? Les grands colléges électoraux et le double vote ont disparu; l'âge des éligibles et des électeurs a été abaissé; le chiffre du cens, pour les uns et pour les autres, a été considérablement réduit: n'est-ce rien? Le principe électif a été introduit partout: dans le département, dans l'arrondissement, dans la commune, dans la garde nationale. Aujourd'hui des électeurs nomment les conseils municipaux, qui contrôlent le pouvoir des maires sortis de leur sein; des électeurs nomment les conseils d'arrondissement et de département, qui contrôlent le pouvoir des sous-préfets et des préfets. Les gardes nationaux choisissent leurs officiers : n'est-ce rien encore? Les travaux publics ont pris, depuis 1830, un immense développement : les anciens canaux ont été achevés; de nouveaux sont ouverts. Plusieurs chemins de fer ont été établis; un plus grand nombre sont en cours d'exécution; enfin un magnifique réseau de 900 lieues vient d'être voté dans la dernière session par les Chambres. Ces merveilleuses voies de communication n'ont pas fait négliger les anciennes, plus nécessaires et plus utiles encore : le système de nos routes royales, départementales, communales, s'est considérablement agrandi et amélioré ; la moindre localité a eu sa part dans ce vaste et fructueux ensemble de viabilité : n'est-ce rien? Les écoles primaires ont été partout multipliées ; des salles d'asile ont été ouvertes aux enfans des pauvres; l'instruction secondaire a été propagée et fortifiée; les hautes études ont été disséminées, répandues avec zèle et succès dans un plus grand nombre de cités importantes : regardez encore, à Paris et dans les provinces, tant d'établissemens utiles, tant de créations commerciales et industrielles, banques locales, comptoirs d'escompte, écoles d'arts et métiers, comices agricoles, fermes expérimentales, caisses d'épargne, etc. Voyez les progrès accomplis dans la législation commerciale et civile, les adoucissemens apportés à la pénalité de nos Codes, les améliorations introduites dans l'organisation militaire, dans l'économie administrative. Tout cela est trop peu sans doute pour une période de douze années, si souvent agitée par les crimes et les attentats des factions! Véritablement, quand on n'a obtenu que cela, en douze ans, on a bien droit d'accuser le gouvernement et les institutions! on a bien raison de gémir sur la destinée du pays!

Voulez-vous que je vous dise une chose? La Restauration aurait pu vivre cent ans sur les progrès accomplis dans ces douze années. Combien ne lui aurions-nous pas tenu compte de nous avoir dispensé, même avec crainte et mesure, quelques parcelles de ce trésor! On aurait été si satisfait de la possession tranquille, assurée de la Charte, que les moindres améliorations auraient paru des bienfaits; mais aujourd'hui certains hommes ne tiennent plus compte de rien : ils se laissent dominer par les mensonges des factions. Il semble, parce que le gouvernement de Juillet est né sous les éclats de la foudre, qu'il doive marcher éternellement à ses formidables lueurs. On ne lui demande pas des progrès ; on lui demande des révolutions, et il y a des gens, soyez-en sûrs, pour qui ce gouvernement n'aura rien fait tant qu'il n'aura pas consenti à périr.

CHAPITRE XI.

Ministère du 1er mars.

Ministère du 29 octobre.

La situation anarchique de 1831 a presque reparu en 1840, sous le ministère du 1er mars. On revit alors le même oubli des principes de conservation, le même affaiblissement du pouvoir, la même tolérance, pour ne pas dire plus, à l'égard des hommes et des partis qui se complaisent dans des théories, dans des manifestations hostiles à l'autorité et à l'ordre.

Qu'on se rappelle un moment l'état des esprits à cette époque : de sinistres préoccupations se montraient sur tous les visages; la crainte pesait sur toutes les situations, sur tous les intérêts; personne n'osait plus compter avec l'avenir. Pourquoi? parce que chacun sentait que, non-seulement dans nos rapports avec l'Europe, mais aussi dans la politique intérieure, les maximes proclamées par le gouvernement du Roi et par les Chambres depuis 1830 étaient remises en question et seraient avant peu abandonnées. Déjà je ne sais quelle mauvaise ardeur bouillonnait à la surface et cherchait à pénétrer au sein des populations. Des rassemblemens tumultueux fatiguaient de leurs refrains sanglans les places publiques et les théâtres; les banquets du radicalisme, auxquels étaient régulièrement convoqués les affiliés des sociétés secrètes, troublaient l'ordre et menaçaient la sécurité des citoyens; des fractions de la garde nationale de Paris, peu nombreuses à la vérité, s'agitaient et voulaient saisir une dangereuse initiative. Le gouvernement ne savait rien empêcher, rien punir; une administration faible, vacillante, incapable, désarmait l'autorité des lois. La presse presque entière poussait de tous ses efforts à une désorganisation. M. Thiers tremblait devant ses journaux; il se soumettait à leurs exigences; il sollicitait leurs avis sur les moindres actes comme sur les plus importans. Rien ne lui restait de ces principes de résistance que, pendant le ministère du 11 octobre, il avait si hardiment pratiqués. Il se familiarisait avec les mauvaises passions; il les regardait peut-être déjà comme un levier dont il aurait besoin plus tard contre l'ordre européen. On sait qu'il ne fallut pas moins qu'un nouveau régicide, l'attentat de Darmès, pour faire cesser ce terrible sommeil des lois, et pour que le ministère du 1er mars se résolût tardivement à ordonner quelques poursuites contre d'odieuses publications jusqu'alors impunies.

Le ministère actuel a accepté le pouvoir avec la pensée d'accomplir de nouveau ce que Casimir Périer avait fait après le ministère de M. Laffitte. En même temps qu'il a rétabli nos bonnes relations avec l'Europe, il a fait rentrer dans la politique intérieure les principes d'ordre et d'autorité. Sans recourir à aucune mesure irrégulière, il a rendu la sécurité aux intérêts, le calme aux esprits, la force au pouvoir, leur action aux lois. Je ne sais pas si cette nouvelle situation, heureusement maintenue depuis vingt mois, sera durable et pourra encore s'améliorer; je ne sais pas si nous en avons fini avec les entreprises et les succès des mauvaises passions : ce que je sais, c'est que les prochaines élections générales seront d'un poids immense dans cette question si grave, et qu'elles vont, irrévocablement peut-être, décider de l'avenir.

Ce n'est pas sans efforts, sans obstacles, sans plus d'un moment difficile, que le ministère du 29 octobre a pu remplir la tâche qu'il s'était imposée; mais jusqu'ici enfin, avec l'appui de la Couronne et le ferme concours de la majorité dans les deux Chambres, il y a dignement suffi. Composé d'hommes intègres, capables, courageux, il a sagement gouverné sa cause. Dès le premier jour de son avénement au pouvoir, il a dit toute sa pensée; il n'a pas reculé devant les questions qu'il était utile de débattre et de résoudre; il les a acceptées avec décision. On ne peut lui reprocher ni d'avoir manqué de fermeté dans l'œuvre de réparation qu'il venait accomplir; ni de s'être laissé emporter à ces mouvemens irréfléchis, à ces mesures excessives par lesquels les pouvoirs s'efforcent quelquefois de revenir au calme et à l'ordre.

Il faut surtout lui savoir gré de n'avoir pas douté de lui-même : dans un pays comme le nôtre, qui fut longtemps et si profondément agité, la stabilité est le premier besoin; or, comment les populations prendront-elles confiance dans le gouvernement, si les hommes à qui le pouvoir est remis paraissent incertains, découragés, trop facilement prêts à déposer leur fardeau? Je veux voir ceux qui ont entrepris une grande tâche y persister avec énergie, ne pas s'en séparer au premier orage. Un homme d'État doit tenir au pouvoir par tout le dévouement qu'il porte au pays. Quiconque a la prétention de servir une cause, un ordre d'idées et de principes, ne compte plus qu'autant qu'il représente et qu'il défend ces principes et cette cause. L'exercice du pouvoir est souvent un dur supplice : est-ce un motif pour se détourner du chemin? Le pouvoir ne doit pas se prendre et se quitter comme un vêtement d'un jour. Que sont les souffrances de l'homme, si l'idée triomphe?

En se maintenant, depuis vingt mois, à travers les oscillations, les embarras, les dissidences qui l'entouraient et avaient en lui quelques retentissemens, le ministère a rendu un important service au pays. Il a ainsi reconstitué réellement une majorité gouvernementale et conservatrice dans la Chambre des Députés: il a donné une base sûre aux élections qui vont avoir lieu.

Il n'entre pas dans mon plan de rappeler ici les travaux des deux dernières sessions, ni de retracer les événemens depuis le 29 octobre 1840. Les faits et les actes sont présens à toutes les mémoires: je veux cependant m'arrêter sur quelques-uns des griefs de l'Opposition et discuter rapidement quelques-unes des questions qui ont été soulevées. J'ai déjà fait le même examen pour les questions extérieures; la politique intérieure n'a pas moins d'importance. Les objections, de ce côté, se résument en trois mots: le recensement, la presse, le jury. Examinons.

CHAPITRE XII.

Le Recensement.

Il faut que l'esprit de parti soit bien fatalement habile à pervertir les consciences pour qu'il ait pu faire de la question du recensement, question si simple en elle-même, un prétexte aux accusations les plus irritantes et une occasion de graves désordres. Quel était le but du recensement? S'agissait-il d'élever arbitrairement l'impôt? En aucune façon. Il s'agissait d'établir, avec plus d'exactitude, l'égalité entre les contribuables, conformément au principe de notre législation. Loin de blâmer et de contrarier la conduite du gouvernement dans cette circonstance, les journaux de la gauche auraient dû être les premiers à y applaudir. Rien de plus démocratique, en effet, que l'égalité et la juste répartition de l'impôt; rien de plus avantageux pour le plus grand nombre des citoyens, comme pour l'État. Eh bien! tous les journaux de la gauche ont dans cette question, au mépris des principes et du bon sens, pris la défense du privilége, de la fraude, contre l'équité et le droit commun.

La loi de 1838 est cependant formelle; voici ce qu'elle déclare : « Il sera soumis aux Cham-« bres, dans la session de 1842, et ensuite de « dix en dix années, un nouveau projet de ré-« partition entre les départemens. A cet effet, « les agens des *contributions directes* continue-« ront à tenir au courant les renseignemens « destinés à faire connaître le nombre des in-« dividus passibles de la contribution person-« nelle, le montant des loyers d'habitation et « le nombre des portes et fenêtres imposables. »

Il est évident que les Chambres, en votant cette loi, ont pensé que, tous les dix ans, les élémens de l'impôt devaient varier, qu'au bout de dix ans les répartitions ordinaires ne fournissaient plus une appréciation exacte de toutes les valeurs imposables; il est évident qu'elles ont voulu que les *agens des contributions directes* fussent chargés de procurer, au moyen d'un recensement décennal, des renseignemens nouveaux. Ou la loi de 1838 ne signifie absolument rien, ou elle veut qu'à chaque période décennale, des élémens nouveaux, des renseignemens plus exacts sur les forces contributives du pays soient apportés aux Chambres, et elle charge du soin de les recueillir les agens des contributions directes : il ne peut y avoir aucun doute sur l'esprit ni sur la lettre de cette loi. Le gouvernement, en la faisant exécuter, a donc rempli un devoir impérieux.

Peut-être l'administration a-t-elle eu seulement le tort de ne pas se méfier assez des passions hostiles et de trop compter sur le bon sens public; tort honorable, mais que les minorités factieuses ont fait expier chèrement au gouvernement et au pays. Si la mesure du recensement avait été plus clairement expliquée d'avance, si l'on avait donné, avant l'opération, les raisons de droit sur lesquelles elle repose, peut-être les populations, comprenant mieux leur véritable intérêt, auraient-elles repoussé tout d'abord les provocations de ces hommes d'agitation et de trouble, qui ne cherchent partout que des prétextes pour diriger contre le pouvoir les accusations les plus absurdes comme les tentatives les plus criminelles.

Avec quelle perverse habileté les journaux des Oppositions diverses n'ont-ils pas réussi à répandre sur cette question les ténèbres de la confusion et du doute! Ils ont remué toutes les passions, s'adressant ici à la pauvreté méfiante et crédule, aux calculs de l'intérêt personnel, là à la susceptibilité des administrations municipales, partout à l'esprit de parti. Ils ont voulu confondre perpétuellement la répartition entre les individus, qui se fait au moyen des répartiteurs et des autorités locales, avec la répartition soit entre les communes, soit entre les arrondissemens, soit entre les départemens, qui est faite par les conseils d'arrondissement, par les conseils de département et par les Chambres. Ils ont parlé de l'augmentation de l'impôt, lorsqu'ils savaient bien que cette augmentation ne peut exister qu'en vertu d'un vote législatif, et non par l'effet du recensement, opération dont l'objet n'est que de fournir des renseignemens nouveaux sur les forces contributives du pays, et de procurer aux Chambres les moyens d'assurer une exacte répartition générale. Ces journaux ont ainsi ameuté les passions populaires contre l'administration des finances. Leurs sophismes ont été depuis victorieusement réfutés, à la tribune, par M. le ministre de l'intérieur, si habile dans les grandes questions d'affaires, si loyal dans toutes, par M. Humann et par quelques orateurs de la majorité. Il n'a pas été difficile de montrer l'absurdité des accusations propagées pendant plus de six mois. On peut regretter seulement que cette discussion ait été tardive.

Il faut remarquer cependant que le pays n'avait pas été pris tout à fait au dépourvu. Les Chambres étaient encore assemblées, que l'opération commençait déjà et était même effectuée sur un très-grand nombre de points. Un court débat eut lieu à la Chambre des Députés, sur cette question, lors de la discussion du budget de 1842. Des explications furent également données, dans la Chambre des Pairs, par M. Humann. Le ministère est donc excusable de n'avoir pas prévu qu'une mesure juste, favorable au plus grand nombre des citoyens, qu'une mesure formellement prescrite par la loi de 1838, et commencée dans le calme le plus profond en présence des Chambres, deviendrait une question pleine de troubles et de désordres dès que la presse agitatrice s'en serait emparée dans l'intervalle des deux sessions.

Ceci est un des plus mauvais actes dont les journaux de l'Opposition se soient rendus coupables envers le pays. Ils n'ont obéi, dans cette circonstance à aucune passion réelle; ils n'ont cédé à aucun entraînement; ils ont fomenté le trouble tout simplement pour avoir du trouble; ils ont excité des méfiances qu'ils n'éprouvaient pas; ils ont dit ce qu'ils savaient être faux; ils ont parlé un langage plein de fiel et d'hypocrisie, dans l'unique but de se venger, d'une manière quelconque, des succès obtenus par le ministère pendant la session. La politique de l'Opposition avait été hautement repoussée par les Chambres, et c'est pour cela qu'on s'est appliqué à forger, en dehors de toutes les questions résolues, cette question du recensement si insidieusement torturée et envenimée. C'était un terrain nouveau, étranger en apparence aux intérêts de partis et aux calculs des ambitieux. Les journaux du radicalisme, ceux de la dynastie déchue, ceux du 1er mars, paraissaient ne défendre que les principes de légalité et de justice, au moment même où ils faisaient de ces principes, comme de toutes les règles d'une bonne administration financière, l'abandon le plus absolu.

Ils ont eu la funeste joie de réussir un moment dans leurs prévisions. De graves désordres ont éclaté dans deux grandes villes. Toulouse est devenue pendant plusieurs jours le théâtre d'une misérable anarchie. Clermont a été un moment livré au pillage. Des magistrats jusqu'alors respectés, honorés partout, et si fermes dans le devoir, se sont vus insultés et chassés par des factieux : des bandes armées ont violé, saccagé, incendié leurs domiciles. La sédition a parlé en maîtresse; elle a imposé des conditions; où elle n'a pu les obtenir, le sang a coulé, et tout cela était l'œuvre de quelques journaux!

Il est si vrai qu'il n'y avait rien que d'artificiel et de factice dans ces effervescences, qu'on les a vues tout à coup cesser comme par enchantement. Commencée dans le plus grand calme en présence des Chambres, l'opération ne s'est pas moins paisiblement terminée. A peine, dans la session qui vient de finir, la tribune a-t-elle fait entendre l'écho affaibli de ce bruit en apparence si redoutable. Les propositions très-inoffensives, très-timides, qui ont été faites à ce sujet, ont été repoussées dans la Chambre des Députés par une majorité imposante; et la pairie, toujours si justement inquiète de ce qui touche au maintien de l'ordre, ne s'est pas même occupée de cette question. Au surplus, cette agitation, si déplorable, ne s'est jamais étendue que dans un cercle fort étroit. Tout le monde sait aujourd'hui que, sur les trente-sept mille communes du royaume, soixante-trois seulement ont protesté, et que les conseils généraux ont été à peu près unanimes à reconnaître l'opportunité, la nécessité, la légalité complète du recensement.

Il est donc bien important de toujours distinguer entre l'opinion sérieuse et générale du pays et les effervescences partielles, factices et passagères. Le fond du pays appartient à l'ordre, à la paix, aux intérêts conservateurs, au respect des lois. La surface ne réfléchit que les passions du moment, les impressions fugitives, les entraînemens dangereux. N'avoir en vue que ces entraînemens et ces passions est un rôle indigne d'un homme d'État; n'en pas tenir compte, serait imprudence.

CHAPITRE XIII.

La Presse.

Gouverner, c'est reconnaître, pour y conformer la législation et l'administration du pays, le mouvement des intérêts qui grandissent, des besoins qui se révèlent, des idées jeunes, vigoureuses, et le déclin des intérêts qui s'éteignent, des besoins qui cessent, des idées qui ont fait leur temps. On se trompe fréquemment dans cette appréciation, et de là la difficulté de la science gouvernementale. De là aussi la nécessité de la liberté de discussion; car si cette liberté a des inconvéniens, elle contribue à éclairer le pouvoir sur le véritable état de la société. Dans les gouvernemens absolus, les intérêts anciens, les situations acquises, luttent avec persistance, et presque toujours avec succès, contre toute innovation : ces intérêts, ces situations, expression d'un ordre de choses que le temps a détruit, entourent souvent le pouvoir d'illusions et de mensonges. Lorsque le mensonge est par trop grossier, par trop blessant pour les besoins nouveaux qui cherchent à se satisfaire, une révolution éclate. Le danger des révolutions est toujours moindre sous un régime de discussion. La tribune et la presse libre sont deux flambeaux placés sur la route des gouvernemens constitutionnels.

Est-ce à dire cependant que la presse, et en particulier la presse périodique, les journaux, aient droit de prétendre à une liberté sans limites ? Non, assurément. Est-ce à dire que les journaux puissent légitimement se constituer comme un pouvoir dans l'État, et chercher même à exercer une sorte de suprématie et de domination sur les véritables pouvoirs, sur ceux que la Charte a établis ? Encore une fois, non. Aucune faculté sociale, aucune liberté, ne peut être exercée sans limites, sans conditions, sans garanties. La liberté de la tribune, la liberté individuelle, la liberté de conscience, c'est-à-dire de la foi religieuse de tout citoyen, sont subordonnées aux principes de la Charte; il n'est permis à personne, sous prétexte de ces libertés, d'enfreindre ce que la Charte a voulu. La liberté de la presse est utile, nécessaire, elle a un très-grand prix et d'incontestables avantages; mais cette liberté doit, comme les autres, être constamment subordonnée, en droit et en fait, aux institutions du pays: une répression sévère doit l'atteindre dès qu'elle sort du cercle de la Constitution.

Ce qu'il n'est pas permis de faire, il ne peut pas être permis de le dire, de l'enseigner, de le provoquer. Il ne peut pas être permis à des factions de fomenter la réalisation de leurs desseins, et d'exciter, en prétendant faire usage d'un droit légal, à des actes que les lois condamnent. Un droit, une faculté, une liberté que la Constitution de l'État donne, ne peuvent, en aucun cas et sous aucun prétexte, être employés contre cette même Constitution. Le gouvernement, la société qui toléreraient de pareils abus, qui n'y opposeraient pas une répression forte et sévère, seraient les plus absurdes des gouvernemens et des sociétés.

Cette répression vigilante, énergique, est surtout nécessaire dans un pays comme la France, où la presse a, dans Paris, un immense foyer d'action, et où, d'ailleurs, une population nombreuse, vive, homogène, se trouve accumulée sur un espace relativement peu étendu. En Angleterre, les journaux n'ont pas d'abonnés; la poste ne s'en charge qu'en les pesant et les taxant comme des lettres. On achète, parmi ceux qu'apportent les voitures publiques, celui qui est le plus intéressant par sa polémique du jour ou par les nouvelles qu'il donne; tantôt l'un, tantôt l'autre. Il n'y a point dès lors en Angleterre de centralisation de la presse, de travail systématique et incessant sur l'opinion. Aux États-Unis, il faut du temps pour que la parole des journaux aille des frontières du Canada au golfe du Mexique : aussi la presse n'y agit-elle qu'avec lenteur et sans unité. Chez nous, la même question politique, les mêmes passions, la même parole, arrivent, en trois jours, de Paris à Lille, à Bordeaux, à Lyon, à Strasbourg, à Marseille, à Toulouse, à Nantes, et sur tous les points intermédiaires. Des millions de lecteurs les écoutent, s'en emparent, les commentent, et se trouvent, au même jour et presqu'à la même heure, sous une préoccupation uniforme. C'est la réalisation du Forum antique dans toute sa vigueur et avec des proportions démesurées. Une semaine suffit à nos journaux pour jeter dans une masse de trente-quatre millions d'habitans la même question politique, la même pensée soudaine, la même émotion, et pour secouer sur le pays entier tous les élémens d'orage. Comment fermer les yeux sur la gravité d'un fait si palpable et si évident? Comment ne pas le méditer avec anxiété, pour peu qu'on soit dévoué aux intérêts du pays, aux principes d'ordre, à la stabilité des institutions?

Cependant, loin d'opposer de trop fortes digues au torrent, le gouvernement de Juillet lui a longtemps permis de répandre, presque sans obstacle, ses flots furieux. On se rappelle à quel degré de licence et de cynisme la presse en était venue dans les premières années de la révolution. Jamais, à aucune autre époque, on n'avait vu un gouvernement, et un gouvernement nouveau, admettre, comme nous l'avons fait, la discussion, la violation des principes les plus essentiels à son existence. Jusqu'à l'attentat de Fieschi, les factions ont pu, presque sans répression efficace, jeter dans la multitude les paroles les plus ardentes et les plus subversives. De leur audace impunie elles se faisaient chaque jour un nouveau droit. Tout fut discuté, débattu, injurié, calomnié pendant cinq ans : Royauté, pairie, Chambre des Députés, droit des électeurs, verdicts du jury, tribunaux, administration. Que dis-je? les lois de septembre ont-elles réellement arrêté ce débordement? Combien de fois n'avons-nous pas vu, même depuis cette époque, les grands pouvoirs de l'État, à commencer par la Royauté, livrés à de lâches risées, aux plus odieuses calomnies, à tous les affronts? Quelle est l'institution que certains journaux n'ont pas voulu flétrir? quelle classe de citoyens ont-ils respectée? se sont-ils jamais inclinés devant un nom, si honorable, si glorieux qu'il fût, quand ce nom était celui d'un homme dévoué au gouvernement du Roi? A quelle mesure légale de salut public ces journaux ont-ils prêté leur concours? quelles séditions, quelles révoltes ont-ils condamnées sans restrictions? quelle situation grave a pu leur inspirer quelque réserve? quelle situation calme et prospère a obtenu d'eux un mot de sympathie et de loyauté?

Dans un pays où le pouvoir est si faible, où il chancelle sur le sol tourmenté des révolutions, les journaux de la dynastie déchue, les journaux républicains, ceux de la gauche, n'ont eu d'autre préoccupation, d'autre soin, d'autre pensée que de l'affaiblir et de l'abaisser encore. Ils ont fait une guerre incessante à toutes les supériorités; ils ont travaillé à répandre dans les masses le mépris des lois, la haine du gouvernement établi, l'impatience de tout frein, le dédain de toute tradition. Ils ont entouré le pouvoir d'odieux soupçons et de méfiance; ils l'ont traité comme un ennemi public. Le fléau du régicide, déchaîné dans notre civilisation, n'a pu désarmer leurs passions sauvages. Un Roi magnanime, si souvent préservé par la Providence, a tout au plus obtenu de quelques-uns d'entre eux, en présence des plus odieux attentats, une stérile pitié. C'était beaucoup quand ils nous épargnaient, dans ces douloureuses circonstances, les froids conseils de leur sagesse et les récriminations d'un insupportable orgueil.

En disant cela, je ne dis pas encore assez. N'a-t-on pas vu, jusque dans ces derniers temps, des écrits qui remettent en question non-seulement le gouvernement actuel, la Monarchie représentative, mais les principes éternels sur lesquels tout ordre social repose ? La propriété, la famille, les doctrines de religion et de morale, tout a été jeté sur le tapis vert des sophistes. Ils ont infligé à une grande nation la prédication effrontée des systèmes les plus insensés comme les plus corrupteurs.

On objectera peut-être ce que j'ai entendu répéter souvent, que les journaux, les écrits dont je parle sont un effet et non une cause ; qu'ils expriment et ne font pas l'état des esprits. Cela serait vrai, que je n'y verrais pas un motif de se rassurer beaucoup. Mieux vaut encore que le mal soit factice et à la surface, comme je le crois, que s'il était au fond même du pays. Mais je repousse de toutes mes forces cette assertion. Non, il n'est pas vrai que les journaux hostiles à la Charte, au gouvernement, il n'est pas vrai que des écrits subversifs de tout ordre social expriment l'opinion de la France. Non, il ne suffit pas que le premier venu taille une plume et la trempe dans la boue, pour que je croie que cette boue est l'opinion du pays.

Je dis plus : les journaux ne sont même que rarement l'expression des opinions distinctes qu'ils sont censés représenter et défendre : le plus souvent chacun d'eux pèse sur son parti, le domine, et l'entraîne bien plus loin que ce parti même ne voudrait aller. Demandez aux hommes politiques ce qu'ils pensent de la fraction de la presse qu'ils semblent couvrir de leur patronage, et à laquelle ils obéissent malgré eux et servilement.

Les optimistes, qui aiment à se tranquilliser, et qui craignent surtout d'agir, insistent encore et prétendent que l'action de la presse se détruit par elle-même; que la discussion suffit pour parer à tous les inconvéniens. Ceux qui tiennent un pareil langage sont faciles à contenter. Certes personne n'a plus que moi d'estime et de sympathie pour quelques-uns des journaux qui défendent les vrais principes constitutionnels; personne plus que moi ne se plaît à honorer le zèle et le talent que ces journaux ont souvent déployés pour la défense des doctrines morales, du gouvernement et des lois. Sachez toutefois que ce secours, si utile, si nécessaire, si considérable qu'il puisse être, n'est point suffisant. Les intérêts particuliers ne se laissent pas aisément convaincre à la raison de l'intérêt général; les passions n'avouent pas ce qu'elles ont résolu de nier; le froid bon sens, le devoir austère, auront rarement autant de puissance que les déclamations de la violence et les dérisions de l'envie: l'ignorance aveugle ne verra pas, quand bien même vous lui mettriez des milliers de flambeaux devant les yeux.

Partout où il y a désordre, désordre matériel ou moral, il faut que la loi, qui est l'expression de l'ordre, intervienne activement. La discussion est sans doute utile, nécessaire, tant qu'elle reste enfermée dans les limites constitutionnelles; mais il importe à la dignité d'un pays et des institutions qui le régissent, que ces institutions soient placées au-dessus de tout débat. Cela importe à la sécurité des citoyens, à la prospérité intérieure du pays, comme à la force du gouvernement et à l'efficacité de son action au dehors.

Même dans les associations particulières, dans les plus inoffensives réunions, il n'est pas permis de remettre incessamment en question les règles établies et consacrées; et ce que, par le seul instinct de l'ordre, on ne souffre nulle part, nous le tolérerions dans la grande association du pays! Que signifie donc le serment prêté au Roi et à la Charte par les pairs, les députés, les électeurs, etc.? que signifie le serment juré par le Roi lui-même, sinon que personne en France n'est au-dessus de la Charte, que personne ne peut se soustraire à la volonté des lois, ni protester audacieusement contre elles, ni agir contre elles, ni provoquer directement ou indirectement à la moindre atteinte contre nos institutions? Or ce qui est de devoir pour les députés, pour les pairs, pour le Roi, pour tous les citoyens, cette règle à laquelle tout le monde est soumis, la presse seule en sera-t-elle exceptée? Pair de France, député, il faudra que je parle avec respect de la Charte, du Roi, des pouvoirs constitutionnels, des lois établies. Simple écrivain, simple journaliste, je pourrai braver tout cela! je pourrai travailler impunément, en vertu de la liberté de la presse, à l'affaiblissement de tous les principes, à la déconsidération et à la ruine de tous les pouvoirs, à la provocation des actes les plus coupables! En vérité, je ne connais pas de plus cruelle injure au bon sens public que cette insolente prétention!

Le gouvernement de 1830 n'a donc fait que se souvenir de son droit et remplir un devoir, lorsqu'il a demandé aux Chambres les lois qu'il jugeait nécessaires pour contenir l'action de la presse dans le cercle inviolable de la Constitution. En cela il servait bien la liberté de la presse elle-même, qui ne peut désormais courir de dangers que par ses violences. Le gouvernement a négligé ce qu'il devait au pays, à la Charte, aux pouvoirs constitutionnels, aux principes de religion, de moralité et d'ordre, lorsqu'il a eu la faiblesse ou l'imprudence de laisser sommeiller ces lois. Ce tort, aucun ministère ne l'a eu aussi complétement, aussi volontairement, que le ministère du 1er mars. Jamais l'incurie du pouvoir à l'égard de la presse agitatrice, séditieuse et anti-sociale n'avait été aussi grande. Bien plus, non-seulement M. Thiers ne s'embarrassait pas de contenir les violences de certains journaux, il paraissait même les encourager. On demandait alors à la tempête de gonfler les voiles; il semblait qu'on fût pressé de heurter contre quelque écueil. Cela explique la fidélité de ces journaux au cabinet du 1er mars, et pourquoi la conduite si honorablement contraire du ministère actuel a été traitée par eux de réaction et de violence.

Poursuivre des journaux, ce n'est pas faire une réaction : c'est demander seulement que la justice déclare si ces journaux sont restés renfermés dans les limites de la loi, ou s'ils se sont rendus coupables d'un délit dont la répression importe à la société. Serait-il vrai que le ministère actuel ait mis trop d'ardeur dans les poursuites? Il me paraîtrait certes pardonnable, en présence des attentats si fréquemment renouvelés depuis douze ans et des désordres auxquels une partie considérable de la presse a trop souvent connivé. Quoi d'étonnant, par exemple, que M. le garde des sceaux, que le ministère tout entier, se fussent préoccupés vivement des périls révélés par le dernier procès de la Cour des Pairs? Un excès de sévérité serait-il blâmable dans de pareilles circonstances? Mais cette rigueur excessive n'existe pas. Il s'en faut beaucoup que l'on ait poursuivi tous les journaux qui dirigeaient la violence de leurs attaques contre la Royauté, contre les Chambres, contre l'autorité de la justice et des lois. Parmi ceux qui ont été l'objet de poursuites, on peut hardiment défier d'en citer un seul dont une simple lecture ne justifie pas l'accusation. Aussi la plupart ont-ils été déclarés coupables par le jury.

CHAPITRE XIV.

Le Jury.

Mais, dit-on, l'institution du jury a été viciée. Viciée! comment? J'ignore ce qu'il y a de vrai dans les griefs portés à la tribune par quelques députés de l'Opposition; mais ce que je sais, c'est que l'administration a certainement le droit qu'on a voulu lui contester. Ce que je sais, c'est que la loi de 1827 prescrit formellement aux préfets, sous leur responsabilité, et comme un de leurs devoirs les plus sérieux, le choix de la liste annuelle du jury. Cela ne serait pas écrit en toutes lettres dans la loi, comme cela s'y trouve en effet, que cette obligation résulterait encore de l'esprit de ses dispositions principales. Comment! il y a, par exemple, à Paris 22,000 jurés possibles, sur lesquels le préfet de la Seine doit en extraire 1,500 pour la liste annuelle, et la différence énorme entre ces deux chiffres ne prouverait pas que la loi demande un choix véritable?

On conçoit qu'un certain cens confère d'une manière absolue le droit électoral; mais ce même cens ne peut donner que la faculté seulement de devenir juré. Dans le premier cas, en effet, il s'agit d'élire les députés qui voteront l'impôt et des lois qui presque toutes intéressent l'impôt: le cens est donc une garantie naturelle et suffisante. Dans le second cas, il s'agit de prononcer sur la vie et l'honneur des citoyens: une majorité de sept voix sur douze peut envoyer un homme au bagne ou à l'échafaud. Il faut donc nécessairement des garanties plus nombreuses, plus distinctes, plus personnelles, et la présomption tirée de la propriété, ou de la capacité inscrite sur un diplôme, ne saurait alors conférer un droit absolu; cette présomption n'investit que d'une faculté, d'une simple aptitude, les citoyens portés sur la liste générale du jury, et le choix du préfet peut seul, et encore pour une année seulement, changer en droit positif cette faculté.

On objecte que, sous la Restauration, lorsque la loi fut rendue, les délits de la presse ne relevaient pas du jury. Je ferai observer d'abord que c'est une chose remarquable de trouver dans toutes les questions quelque progrès accompli par le gouvernement de Juillet, progrès dont on ne voudrait, du reste, lui tenir aucun compte, mais dont on cherche toujours à se faire une arme contre lui; j'ajoute, quant au fond, que si l'obligation d'extraire de la liste générale du jury la liste annuelle a été imposée aux préfets, d'une façon absolue, par la loi de 1827, cette obligation est bien plus motivée encore, maintenant que le jugement des délits de la presse est réservé au jury. En effet, dans les causes ordinaires, il n'y a qu'une manière de voir et de sentir commune à tous les hommes. Personne ne sera tenté, par peur ou par connivence, d'encourager le vol ou l'assassinat. Dans ces matières, les notions de droit et de justice sont très-claires pour toutes les consciences. En est-il de même lorsqu'il s'agit d'un délit politique, d'un délit de presse? S'imagine-t-on que les partisans de la république ou de la dynastie déchue soient disposés à faire peser une répression bien sévère sur ceux qui, par leurs écrits, auront provoqué au renversement du gouvernement actuel, auront applaudi à la sédition ou vomi les calomnies les plus odieuses contre la personne du Roi? Si l'administration n'intervenait pas, ainsi que la loi l'a voulu, pour la formation des listes annuelles du jury, on verrait, pour le même délit, ici des condamnations, là de scandaleux acquittemens. Que signifierait une justice œuvre des passions contraires? Bientôt la conscience du pays serait profondément troublée, et l'institution elle-même ne résisterait pas longtemps à l'effet de ces chances du hasard, espérance des factieux, et qui n'assureraient que trop souvent leur impunité.

Il n'a donc rien été fait d'inusité ou d'illégal. Les préfets ont obéi à la loi, sous leur propre responsabilité; ils n'ont point apporté dans cet acte grave de leur administration un esprit étroit ou réactionnaire; ils sont restés dans les limites de l'équité et de la raison; ils ont choisi, comme ils le devaient, des jurés dévoués à la Charte et à la Monarchie représentative, des jurés respectables par leur moralité, surtout des jurés assez éclairés et assez indépendans des partis pour que la société pût, comme l'accusé lui-même, avoir toute confiance. Au surplus, les faits justifient les sages dispositions de la loi et la conduite de l'administration; car si le jury de 1842 a prononcé quelques condamnations sévères, mais justes, il s'est souvent aussi montré plus indulgent que les prévenus eux-mêmes n'auraient osé l'espérer.

Il n'y a donc là aucune espèce de réaction. Ce qui caractérise une réaction, c'est le changement des lois, c'est le despotisme et l'arbitraire mis à la place des lois. Mais lorsque le gouvernement, voyant les dangers dont la société est menacée, se borne, pour la défendre, à exécuter les lois existantes, lorsqu'il n'en sort jamais, lorsqu'il leur demande et trouve en elles sa force et son appui, cette résistance aux coupables desseins des ennemis de l'État ne mérite assurément que des éloges. Il ne faut pas s'étonner que des journaux qui avaient pris l'habitude de l'impunité pendant le ministère de M. Thiers, se plaignent aujourd'hui : les lois qui dormaient par la connivence des uns et l'inertie des autres, se sont éveillées, et ont repris leur action : il est naturel que ceux qui profitaient de cette tolérance accusent une autorité plus ferme ; mais ces doléances intéressées ne feront illusion à personne. Les Chambres, après avoir entendu les explications loyales du ministère, ont approuvé sa conduite ; les prochaines élections compléteront cet assentiment.

CHAPITRE XV.

Les lois de septembre.

J'ai répondu aux principaux griefs de l'Opposition. Voyons à présent son programme, je veux dire son programme parlementaire. Il se borne modestement à deux points : la réforme électorale et la révision des lois de septembre.

On a beaucoup déclamé contre ces lois. Lorsque le cabinet du 11 octobre, lorsque M. Thiers, alors ministre de l'intérieur, les proposèrent aux Chambres, après l'attentat de Fieschi, elles furent vivement combattues, à la tribune de la Chambre des Députés, par d'illustres orateurs. Ce qui fut objecté alors est probablement abandonné aujourd'hui par de loyales consciences. Tout le monde a vu, en effet, que les périls qu'on paraissait redouter pour les libertés publiques ne se sont pas réalisés, et que ces lois ne constituaient en aucune façon ce pouvoir exorbitant qu'on craignait de remettre au gouvernement du Roi et à la Chambre des Pairs.

Les dispositions des lois de septembre sont aujourd'hui généralement acceptées par quiconque n'a pas mis sa pensée au service des factions. On ne réclame plus, par exemple, contre les articles de ces lois qui se rapportent aux théâtres, à la publication des gravures, etc.; les excès en ce genre avaient dépassé toute mesure, et les honnêtes gens se sont réunis dans une commune réprobation. On ne se plaint plus guère de la citation directe, car on sait bien que la faculté de faire défaut rend cette disposition à peu près illusoire. Il en est de même de beaucoup d'autres détails. L'Opposition se réduirait donc, aujourd'hui, à demander simplement la révision des articles de ces lois qui qualifient d'attentats certains crimes politiques et certains délits de la presse, et qui donnent au gouvernement la faculté d'en déférer le jugement à la Cour des Pairs.

Si je m'étonne d'une chose, c'est que les objections, les scrupules exprimés à ce sujet puissent trouver place dans un esprit éclairé, dans un cœur loyal. Je l'ai souvent répété dans cet écrit, la société ne saurait faire trop d'efforts et prendre trop de précautions pour mettre au-dessus de toute atteinte les principes sur lesquels le gouvernement et les institutions reposent. C'est un crime odieux de se cacher au coin d'une rue pour diriger une arme meurtrière contre la personne sacrée du Roi; ce n'est pas un moindre crime d'exciter, de soulever contre lui les passions anarchiques, de le désigner calomnieusement comme le seul obstacle au bien du pays, comme la cause de tous les malheurs publics, comme la personnification d'un système politique pour lequel on déclare n'avoir pas assez de mépris et d'outrages. C'est un crime de conspirer contre l'État; ce n'est pas un moindre crime de publier le programme de la conspiration, et d'y marquer le jour et l'heure où elle doit éclater. La provocation est souvent bien plus intelligente que l'acte même : comment serait-elle moins coupable ?

La raison individuelle de chaque homme doit être soumise, en ce qui est extérieur, à la raison générale de la société dans laquelle il vit, dont il fait partie et qui le protége. Que serait une Constitution dont on débattrait tous les jours impunément l'origine et l'autorité ? Nous n'avons été que trop patiens à cet égard. A-t-on oublié que c'est ainsi que les principes s'affaiblissent, que les pouvoirs perdent toute action, toute influence ? Les institutions impunément attaquées ne tardent pas à tomber en dissolution au milieu du mépris public.

On s'est effrayé de ce qu'un écrivain pouvait être cité devant la Cour des Pairs. On a demandé si un écrit était justement assimilé à un attentat et déféré à une juridiction si solennelle. Je ne vois rien là qui m'inspire la moindre crainte, rien qui m'étonne. La solennité du débat, la haute situation des juges me rassurent, au contraire, complétement. Plus un tribunal est élevé, plus il reste inaccessible aux suggestions du dehors; et je suis convaincu qu'il ne faut pas moins que la faculté donnée au gouvernement de recourir à cette juridiction suprême, pour que, dans tous les cas, dans toutes les circonstances, l'État soit toujours défendu, toujours préservé, toujours vengé des attaques et du délire des factions. Sans doute le jury peut souvent suffire aux nécessités du salut public; cependant gardons-nous de demander à des hommes plus que leur situation, les habitudes de leur vie, leur caractère et leurs intérêts personnels ne comportent. Ceux qui se sont dévoués aux intérêts de l'État, dans une longue carrière, peuvent seuls, dans bien des cas, si un danger public se révèle, en mesurer l'étendue et répondre à toutes les nécessités. Ces armes redoutables sont une machine de guerre qu'un gouvernement constitutionnel, représentatif, soumis au contrôle légal de la tribune et de la presse, laisse reposer habituellement, mais qu'il doit avoir sous sa main. Au surplus, ce que les lois de septembre ont dit, la Charte l'avait voulu avant elles. Ces lois ne sont que le développement de la loi fondamentale du pays.

Le moment serait, au reste, merveilleusement choisi pour demander je ne sais quelles modifications! Quoi! c'est en présence même du procès de Quenisset et de ses nombreux complices qu'on trouverait trop sévère notre législation politique! Il me semble que de ce procès doivent sortir de tout autres enseignemens. Jamais jusqu'alors la justice n'était descendue aussi loin dans la menaçante organisation des sociétés secrètes; jamais on n'avait aussi clairement constaté les liens qui unissent le bras des régicides avec ces associations et avec la presse républicaine. Le pays s'est profondément ému, malgré les atténuations dont certains journaux avaient soin d'entourer l'attentat et ses circonstances. On voyait enfin par quel infâme espionnage, par quelles menaces incessantes, par quelles excitations, était lié et poussé au crime celui qui en avait une fois accueilli la pensée. On apprenait aussi ce qu'il faut entendre par ces questions de salaire et de prétendue organisation du travail, avec lesquelles on irrite l'indigence et l'on excite les convoitises. Les fondemens de la nouvelle république se montraient à nu, de cette république pour qui la spoliation est le but et l'assassinat un moyen. Le complot était manifeste, les aveux explicites, les preuves accablantes. Chacun remerciait la Providence qui, encore une fois, n'avait pas permis le succès du crime; mais chacun se demandait avec anxiété si nos lois seraient assez fortes pour préserver contre des dangers si graves les doctrines de religion et d'ordre, les droits de la propriété, les liens sacrés de la famille. Les bons citoyens s'accordaient à ne voir de remèdes à des maux de cette nature et de cette gravité que dans une surveillance sévère à l'égard des factions et dans une répression énergique des journaux dont elles disposent. Et en présence de ces faits, de ces avertissemens, de ces émotions, on a pu songer à demander la révision des lois de septembre!

En effet, révisez, affaiblissez vos lois politiques! elles sont déjà si fortes et si respectées! elles ont été faites pour des dangers si chimériques! Après l'attentat du Pont-Royal, indulgemment défiguré par une portion de la presse, le crime, malheureusement moins contestable, de Fieschi est venu remplir la France d'effroi et d'horreur. Après Fieschi est apparu Alibaud, presque glorifié par d'odieux sophistes. J'omets les journées de juin, d'avril et de mai. Après Alibaud, Meunier a ramassé l'arme régicide; après Meunier, Darmès; après Darmès, Quenisset. Ce n'est point assez, n'est-ce pas? Qu'importe cette transmission du crime, cet héritage de sang jamais interrompu depuis douze années! Révisons vite les lois de septembre! C'est un moyen sûr de rendre la sécurité au pays, de préserver la Royauté, de désarmer les assassins et les séditieux!

On a fini par sentir, à ce qu'il semble, l'odieuse absurdité d'une telle proposition. Lorsque la Cour des Pairs se montrait si ferme, et toujours si modérée, lorsque le Roi n'écoutait encore que les conseils de son inépuisable clémence, l'Opposition a senti qu'elle aurait mauvaise grâce à se plaindre de trop de rigueur et à déclarer qu'elle ne craignait que l'action trop forte du pouvoir. La proposition qu'on préméditait ne s'est pas produite. L'opinion de la Chambre des Députés était d'ailleurs si manifeste et si connue, que pas un homme honorable n'a voulu prendre sur lui les embarras d'un échec certain. Cela probablement n'empêchera pas cette partie du programme de l'Opposition de reparaître devant les électeurs; mais les électeurs en feront justice.

CHAPITRE XVI.

La Réforme électorale.

Quant à la réforme électorale, elle a eu les honneurs d'une proposition, non pas, il est vrai, dans des conditions bien redoutables, mais dans ces proportions modestes qui, si la majorité eût été moins ferme, pouvaient seules en assurer le succès. On se bornait à demander l'adjonction de la seconde liste du jury aux électeurs actuels.

En supposant même qu'il n'y eût pas dans cette proposition les dangers qu'elle renferme incontestablement selon moi, je suis de ceux qui ont cru que le ministère commettrait une faute grave s'il se prêtait à ce qu'on attendait de lui dans cette question. Après une révolution récente, après tant de changemens et de concessions, il faut savoir enfin s'arrêter. Les populations sont haletantes sous le mouvement perpétuel de nos lois. En quelques années, nous avons dévoré des siècles. C'est surtout de stabilité que le pays a aujourd'hui besoin. Il en a besoin pour s'accoutumer à la pratique des institutions qu'il possède, et pour que ses mœurs s'y façonnent. Est-ce prendre un droit au sérieux que d'en vouloir incessamment modifier les conditions ? Il y a onze ans que la loi électorale a été profondément modifiée, et déjà l'on y reporterait la main ! Qui ne voit que dès lors ce nouveau changement ne serait que le prélude et le moyen de changemens ultérieurs ? Une loi, par cela seul qu'elle existe depuis un certain temps, et qu'elle s'exécute sans inconvénient pour le pays, est préférable à toute autre : à plus forte raison quand cette loi est fondamentale, quand elle est le pivot de l'ordre politique tout entier. Pour se résoudre à une innovation, il faut y avoir pensé longtemps ; il faut que la nécessité en soit démontrée, qu'il s'agisse d'un changement sérieux, et non d'une satisfaction vaine donnée à des sentimens irréfléchis. Vouloir appliquer un remède de complaisance lorsque soi-même on ne reconnaît pas la réalité du mal, ce serait manquer de gravité et de prudence. Les électeurs actuels n'ont pas mérité d'être traités si légèrement.

Les électeurs actuels sont l'expression vraie du pays. Ils le représentent dans tous les intérêts, dans toutes les situations. Nul ne peut se plaindre, avec raison et bonne foi, de n'avoir pas dans les électeurs actuels des défenseurs naturels de ce qu'il est, de ce qui lui importe et de ce qu'il veut.

Les écrivains du radicalisme prétendent que les classes moyennes sont tout aujourd'hui dans le gouvernement et dans les institutions, et que le peuple n'est pas représenté. Cette allégation ne repose sur rien de réel. Il n'y a plus aujourd'hui en France ni castes, ni classes distinctes : il y a une masse de trente-quatre millions de citoyens, tous soumis aux mêmes devoirs, tous aptes aux mêmes droits, moyennant des conditions également imposées à tous. L'égalité, l'identité pour tous des conditions moyennant lesquelles on possède nécessairement le droit, et à défaut desquelles personne ne peut l'acquérir, est la seule égalité véritable. Reconnaître l'exercice d'un droit sans condition aucune, le céder à tous, ce serait instituer non pas l'égalité, mais la plus avilissante des tyrannies, celle du nombre, en même temps que l'inégalité la plus réelle et la plus criante.

Si l'on a parlé souvent des classes moyennes, du pays légal, ce sont là des expressions passées en usage, il est vrai, mais qui, selon moi, manquent de justesse. Ne nous laissons pas distraire par des mots; ne soyons pas dupes d'une illusion créée par l'insuffisance du langage. Je le répète, il n'y a en France qu'une grande nation composée de citoyens tous égaux entre eux, puisque tous sont soumis à la règle des mêmes conditions légales. Il n'y a plus aujourd'hui parmi nous de classes distinctes. Tout le monde est peuple.

Ce que je dis est si vrai, qu'il serait impossible d'indiquer à quel signe on reconnaîtrait que telle ou telle personne fait partie des classes moyennes et du pays légal. Un fermier, un marchand, un petit propriétaire, payent le cens de deux cents francs, et prennent part à l'élection d'un député : dès lors ce fermier, ce petit propriétaire, ce marchand, sont-ils dans ce qu'on appelle les classes moyennes? Un membre de l'Université, un avocat, un médecin, un fonctionnaire public, un rentier, un général, ne payent pas le cens et ne participent point à l'élection du député : déclarerez-vous qu'ils ne sont pas dans les classes moyennes, dans le pays légal? Les rejetez-vous dans ce qu'on appelle si étrangement le peuple et le prolétariat?

Cessons de tout embrouiller par des disputes de mots. Reconnaissons que des différences d'habitudes, de mœurs, de situations, différences très-réelles dans la vie privée et les relations sociales, n'ont rien de commun avec les conditions qui établissent tel ou tel droit politique. Ces différences n'existent point devant la loi.

Tel était électeur, il y a un an, qui ne l'est

plus aujourd'hui : tel ne l'était pas, qui l'est devenu. Le droit se perd comme il peut s'acquérir; il n'est inhérent à aucune classe, à personne. On n'a donc jamais à craindre qu'une minorité homogène, ayant des intérêts distincts, pèse sur le pays et le gouverne dans un sens contraire à l'intérêt général.

Veut-on porter la discussion sur la question de savoir si la loi a bien fait d'attacher le droit électoral à la propriété exclusivement et à un cens déterminé? Je n'hésite pas à répondre affirmativement. La condition d'un droit ne peut se tirer que de la nature de ce droit. Or les électeurs nomment les députés : la fonction essentielle des députés n'est-elle pas de voter l'impôt? N'est-il pas évident aussi que la plupart des lois décrètent une nouvelle dépense ou peuvent amener une économie? Puisque les députés votent l'impôt et participent à la confection des lois, qui presque toutes intéressent l'impôt, il faut donc que ces députés soient nommés par les citoyens que l'état de l'impôt touche le plus directement et le plus notablement.

Je ne suis pas de ceux qui regardent la propriété comme le signe d'après lequel la capacité se présume. Cette thèse me paraît peu soutenable. Il est certain en effet que beaucoup de non-propriétaires sont plus intelligens, plus capables que tel ou tel qui est arrivé à la propriété par son travail, par son industrie ou simplement par héritage. Mais la propriété représente quelque chose de plus important que la capacité : elle est la société même. La propriété a en elle son droit politique; elle n'a nullement besoin qu'on la regarde comme un signe ou une présomption de capacité. Il lui suffit d'être le plus grand intérêt social, et d'offrir des sûretés plus solides, plus réelles qu'aucune autre.

Des avocats, des médecins, des licenciés et docteurs, ne payant pas le cens de 200 fr., sont privés de prendre part à l'élection des députés : je trouve cela raisonnable et naturel. Quoi! tel citoyen qui paye 199 fr. de contributions directes sera privé du droit électoral, et tel autre qui ne paye pas 20 fr. pourrait jouir de ce droit, moyennant diplôme? Celui-ci est capable, dit-on. Cela fût-il vrai, je n'y verrais pas une raison concluante. Dans l'état de maladie, vous appelez pour vous guérir un médecin, non un électeur; pour suivre un procès, vous n'avez pas recours à un électeur, mais à un avocat; si une académie se recrute, elle fait choix d'un littérateur, d'un savant : eh bien! quand il s'agit de nommer un député, pour voter l'impôt et des lois qui intéressent l'impôt, il est raisonnable, il est utile de ne convoquer que les citoyens payant un certain cens.

Il peut se faire, je le reconnais, qu'un homme honorable, influent dans sa localité, capable dans son état, un homme éclairé, distingué si l'on veut, ne paye pas le cens : ce sont là des exceptions tous les jours plus rares, et les lois ne se font pas sur des exceptions et pour des exceptions. Si l'on parle d'hommes éminens et pauvres, l'exception est plus rare encore, et j'ajoute que probablement ceux-là ne se contenteraient pas de si peu. Si vous voulez faire des lois non pour les intérêts généraux et positifs, mais pour glorifier l'intelligence, pour honorer le génie, ne vous bornez pas à donner à vos hommes de génie le droit électoral moyennant diplôme. Les hommes de génie, si vous en savez quelque part, valent bien qu'on leur accorde l'éligibilité, et l'éligibilité sans condition. Ouvrez la tribune devant eux. Mais à quel signe reconnaîtrez-vous le génie? En vérité, laissons de côté des misères.

Dans les journaux, la réforme électorale est beaucoup moins humble qu'on ne l'avait faite à la Chambre des Députés. Les journaux de l'Opposition n'aiment pas les électeurs actuels, qu'ils trouvent beaucoup trop partisans, soit de la Charte, soit de la dynastie, soit de la politique de conservation. Ces journaux proposent donc, comme premier essai, d'absorber les électeurs actuels dans une légère addition de six cent mille électeurs nouveaux. C'est, pour le moment, la réforme souhaitée par les journaux de la gauche. La république et le carlisme en voudraient six millions.

Quels prétextes fait-on valoir? On s'appuie sur le sophisme dont je parlais tout à l'heure. On se plaint de ce que les classes moyennes sont tout dans le gouvernement et dans l'État. On demande que le peuple soit représenté. Je ne reviendrai pas sur les considérations que j'ai déjà présentées à cet égard ; je ne veux pas non plus rappeler à la gauche ce qu'elle a fait de la réforme électorale sous le ministère du 1er mars ; je ne demanderai pas davantage au parti de l'ancien régime d'où lui vient cette ardente passion du suffrage universel ; je ne demanderai pas au radicalisme si ceux qui envoyaient les Girondins à l'échafaud, pour des opinions professées à la tribune, avaient respect des représentans du peuple et du droit électoral. Le danger d'un abaissement du cens et d'une accession de six cent mille électeurs nouveaux, ou de six millions, me paraissant peu imminent, peu prochain, je me borne à une seule observation.

Je demande quels sont les intérêts, quelles sont les opinions qui existent en France, et qui ne soient pas représentés dans la Chambre des Députés, telle que la législation actuelle l'a faite. Il n'y en a pas. Tout ce que le pays renferme d'intérêts, d'opinions, de lumières, et je dirai même de préjugés et de passions, vient aboutir dans la Chambre, et y trouve, dans une valeur proportionnelle, son expression et son retentissement. Seulement l'Opposition, et cela est tout simple, pense qu'elle y est trop peu nombreuse.

En abaissant les conditions d'âge et de cens, comme on l'a fait en 1831, en abolissant les grands colléges et le double vote, on a été aussi loin qu'il fût permis d'aller sans faire courir de graves dangers au pays, aux libertés publiques, à la cause de l'ordre et de la civilisation. Laissons s'implanter dans le sol cette loi fondamentale. Qu'elle y pousse de fortes racines! Les lois sont comme les grands monumens, un peu de vétusté ne leur messied pas. Elles en obtiennent plus facilement l'obéissance et le respect. Si ces perpétuelles propositions de réforme pouvaient être utiles, si c'étaient là de véritables améliorations, les factions qui ne rêvent que la destruction du gouvernement seraient-elles les premières à les conseiller? Nous avons vu de si odieux réformistes, que cela doit mettre en garde les hommes de bien. Quenisset et ses complices étaient, eux aussi, des réformistes;

eux aussi colportaient et faisaient signer des pétitions pour la réforme électorale. Lorsqu'on voit du sang sur un programme, on n'a plus besoin de réfléchir pour le repousser. Le texte le plus obscur devient très-clair avec de pareils commentateurs.

CHAPITRE XVII.

La Réaction.

Et maintenant que devient ce mot retentissant de réaction, si souvent répété depuis vingt mois? La réaction, où est-elle? qu'on me la montre! Le ministère du 29 octobre a-t-il demandé des lois nouvelles, des lois plus sévères? a-t-il voulu la suspension de quelqu'une de nos libertés? a-t-il, par des épurations de parti, jeté le trouble et la crainte dans les administrations? est-il entré en lutte avec la majorité dans les Chambres, ou bien s'est-il efforcé d'inspirer à cette majorité un esprit d'oppression et de violence? Le ministère a-t-il méconnu la sainteté de la justice, l'autorité de ses décisions souveraines? l'a-t-on vu recourir, sans nécessité et sans une extrême modération, à l'emploi de la force publique? Tels sont les caractères d'une réaction; tels seraient les actes d'un pouvoir réactionnaire. S'est-il passé rien de pareil depuis vingt mois?

Nous avons vu le ministère n'opposer qu'une sage fermeté au travail sourd des passions révolutionnaires. Il a pensé que les lois actuelles seraient suffisantes pour réprimer l'agitation si imprudemment excitée par ses prédécesseurs, et en effet ces lois ont suffi. Il n'a rien fait que se servir, en toute circonstance et avec mesure, de son droit constitutionnel. Sans doute il a déployé une constante énergie pour imposer le respect de l'ordre, des lois, de la Royauté; mais s'il n'a pas toléré les outrages contre le Roi et la Charte, qui donc peut s'en plaindre? Il suffit que la liberté de discussion s'exerce sur les agens responsables, dans le cercle légal. Tout ce qui en sort n'est qu'une licence coupable et funeste qu'aucun pouvoir ne saurait tolérer sans mériter l'accusation de faiblesse ou de connivence. Le ministère a contraint la presse des factions à se courber sous le joug des institutions établies; mais dans cet exercice de son droit, en a-t-il jamais dépassé les limites? Il a reconstitué une majorité imposante; mais cette majorité a-t-elle jamais séparé sa cause de celle de la justice et des lois? Il a raffermi l'administration; mais a-t-il usé de violence ou d'arbitraire? Il a, aux termes de la Charte, déféré à la Cour des Pairs le jugement d'un odieux complot; mais n'a-t-il pas prêté sa responsabilité à la clémence du souverain?

Certains journaux crient à la réaction; savez-vous pourquoi? parce que ces journaux, pendant le ministère du 1er mars, s'étaient habitués à une licence d'autant plus facile qu'elle était sûre de l'impunité. Ces journaux plaçaient peu à peu tous les pouvoirs sur une pente qui devait amener de nouvelles subversions. Ils substituaient à une politique d'ordre et de légalité une politique de désordre et d'anarchie. Ils rapprochaient les factions du gouvernement, contact funeste auquel celui-ci perdait toute sa force et gagnait un redoutable vertige. On sait de qui ces journaux recevaient des confidences, à qui ils imposaient leurs conseils. Tout cela a cessé au 29 octobre. Au lieu de se montrer aventureux et indécis, au lieu de s'appuyer sur des alliances dangereuses, le pouvoir s'est replacé avec fermeté au centre des intérêts conservateurs et des principes constitutionnels. Le crédit s'est raffermi et développé, la prospérité a repris son essor, les banquets anarchiques, les refrains sanglans ont cessé: voilà ce qu'on appelle une réaction. Nous sommes revenus du désordre à l'ordre, de l'inquiétude au calme, des chances de guerre à une paix digne et honorable, du mépris des lois à leur exécution : voilà la seule réaction qui ait été faite, et elle a eu lieu sans secousse, sans l'emploi de moyens nouveaux ni d'une législation plus sévère. Il a suffi de rompre avec de mauvaises passions; il a suffi d'une sage fermeté de la part du gouvernement, et de son entière confiance dans le patriotisme des Chambres et le bon sens du pays.

CHAPITRE XVIII.

Du Progrès moral.

Telle est la situation : elle doit nous inspirer beaucoup de confiance, mais aussi elle nous impose un grand devoir. Nous sommes à un de ces momens solennels qui décident des gouvernemens et des sociétés. Montrons-nous fidèles à ce que nous avons voulu depuis douze ans, et n'oublions pas surtout qu'il nous reste beaucoup à faire. N'oublions pas que de la situation actuelle, si prospère et si rassurante, doivent sortir, par notre énergie et notre union, des ressources nouvelles pour le développement de nos principes.

La répression matérielle ne suffit pas seule au maintien de l'ordre; les intérêts matériels ne suffisent pas au bonheur des sociétés. Sans doute il importe de travailler dans toutes les voies, agriculture, industrie, commerce, au développement des forces productives du pays; cependant la conservation et le progrès ont un sens plus haut. Malheur au pouvoir qui abdiquerait le gouvernement des intelligences! Au fond, rien n'importe que les doctrines; car tout fait est la conséquence d'une idée, et il n'y a pas une révolution dans l'ordre des faits qui n'ait été produite par une révolution antérieure dans l'ordre moral. Cette police des États, qui maintient le calme matériel au moyen d'une répression vigilante, ne peut satisfaire que des esprits superficiels. La grande politique sait que l'homme ne vit pas seulement de pain, et que ce qui est vrai de l'homme l'est également des sociétés.

Les événemens de ces douze années donnent le secret de beaucoup de choses et sont pleins d'enseignemens. Comme on sauve un navire du naufrage en jetant, si précieuse qu'elle soit, une partie de sa charge à la mer, nous avons souvent enrichi de nos sacrifices l'abîme des révolutions. La sécurité de l'avenir a été immolée plus d'une fois aux nécessités présentes. Ce qu'on protégeait d'une main on le découvrait de l'autre. Une concession nouvelle était le prix de chaque victoire. On ne s'est arrêté sur des pentes dangereuses qu'au moyen d'ajournemens et de transactions. Souvent l'homme agissait seul où l'institution se trouvait trop faible; et que de fois la Providence n'a-t-elle pas dû elle-même intervenir!

Nous avons, certes, bien fait de pourvoir ainsi au plus urgent, d'après les circonstances et l'état des esprits. Toute autre conduite n'eût été ni sage ni politique. Aujourd'hui nos vues doivent s'étendre. Il ne suffit plus à présent de réprimer matériellement le mal; il faut surtout chercher par quels moyens nous en détruirons les causes. La politique des devoirs veut une place plus large que celle qui lui avait été faite jusqu'ici. Ce qui était prudence d'abord devient faiblesse plus tard. Les contradictions ne sont tolérables que dans les temps orageux.

Les douze années révolues depuis le grand événement de 1830 ont fondé le nouvel ordre politique de la France. La Charte, la Monarchie représentative, la dynastie, ont triomphé des entreprises des factions. Ceci n'est qu'un fait, qui devait sans doute être préservé d'abord; mais combien notre tâche reste-t-elle incomplète en ce qui touche au développement et à l'organisation des forces morales de la société!

Des sentimens résident au fond du pays, qui ont besoin d'être soutenus, fortifiés, retrempés. Un scepticisme amer, qui froisse toutes les croyances, méconnaît les supériorités, conteste les devoirs et les droits et interrompt les traditions, ne fera jamais de bons ni de grands citoyens. La société, rassurée sur ses intérêts matériels et sur le maintien de l'ordre politique, demande aujourd'hui davantage; elle veut être délivrée de ces vices de l'esprit et de l'âme que l'Écriture appelle avec profondeur *les vices des derniers temps*.

Si libérales que soient les institutions d'un pays, quelque place qu'on y veuille faire à la liberté de chacun, il y a cependant une direction morale, un gouvernement des intelligences dont le pouvoir ne doit jamais se départir entièrement. La responsabilité de la conscience publique pèse sur lui devant l'avenir et devant Dieu. Le pouvoir, quels que soient son caractère, son origine et son nom, ne saurait donner la raison de son droit sur la société, non plus que la société donner la raison du sien sur chacun de ses membres, qu'en s'appuyant aux doctrines supérieures et primordiales du monde moral. L'ordre n'est que la domination de l'intelligence et de la raison sur la force et sur le nombre. La loi n'est que la conscience écrite. Sans cette intervention des hautes doctrines, vous aurez toujours à craindre l'excès des prospérités insolentes ou celui des souffrances désespérées.

Le parti conservateur devra désormais répondre à cette situation meilleure des esprits qui se manifeste si heureusement. Il reste beaucoup à faire sous ce rapport. Que désormais le pouvoir se montre profondément pénétré de toute la grandeur de sa mission; qu'il règne non-seulement sur les faits, mais sur les esprits; qu'il rattache ouvertement son existence aux lois éternelles et immuables; qu'il ne laisse plus attaquer les principes sur lesquels il repose, à plus forte raison ceux qui sont la base de toute société. Dans l'ordre des idées religieuses, dans l'instruction publique, dans tout ce qui intéresse la direction morale du pays, on ne doit pas craindre de montrer désormais moins d'incertitude et d'hésitation. Les peuples que ravagent le scepticisme et le doute sont semblables à ces sables du désert dans lesquels rien ne peut prendre racine et fleurir, et que la moindre tempête soulève en montagnes brûlantes.

CHAPITRE XIX.

La Faction républicaine.

La Faction carliste.

Tout ce qui précède montre où va la société et ce qu'elle veut. Les prochaines élections décideront si ce mouvement salutaire, qui a persisté pendant douze ans, et qui, à travers des situations diverses et des oscillations plus ou moins graves, a toujours fini par prévaloir, sera continué désormais ou s'il reculera. Le pays demande qu'au dehors la paix soit maintenue sans sacrifice de dignité ou d'honneur, et qu'au dedans les principes de conservation prennent un developpement large et rationnel. Les élections prochaines doivent répondre à ce double vœu de l'opinion générale.

L'action de la minorité carliste et de la minorité républicaine dans cette grande lutte m'inquiète peu. Impuissantes par le nombre, elles le sont plus encore par leurs tendances avouées.

Que peut l'opinion républicaine dans les élections? Je n'hésite pas à le dire : absolument rien. Quand un parti a pour auxiliaire le *communisme*, c'est-à-dire la haine de la propriété, de la famille, de la religion ; quand un parti enseigne à ses adeptes l'apologie de monstres tels que Robespierre et Marat; quand il ne sait pas même désavouer d'ignobles assassins sortis de ses rangs, ce parti peut bien être à craindre dans les rues, sous les armes; il peut conspirer et provoquer des séditions : mais le succès lui est interdit dans les voies légales. Ce n'est pas par les élections et par la Chambre des Députés que le radicalisme pourrait renverser nos institutions : lui-même ne l'a jamais espéré.

La faction républicaine a fait les journées mortuaires de juin, d'avril et de mai; elle a eu ses révoltes à Paris, à Lyon, à Grenoble; elle a ensanglanté les rangs de la garde nationale et de l'armée; elle a enfanté Fieschi, Alibaud, Meunier, Darmès, Quenisset; elle s'est servie de la presse pour soulever les plus hideuses passions. Là étaient ses seuls moyens de succès, et encore ceux-là mêmes ne lui ont-ils pas réussi. Que la guerre civile se fût propagée, que le Roi fût tombé sous les balles des assassins, alors peut-être, mais alors seulement, elle pouvait un moment avoir quelque chance contre la Monarchie représentative. Dans les élections, aucun résultat pareil n'est à craindre. Que le sanglant fantôme de la Terreur apporte dans l'urne son bulletin électoral! il y restera impuissant et isolé. Partout où sont réunis des pères de famille, des propriétaires, des hommes de sens, appelés par la volonté de la loi pour agir conformément à la loi, je ne crains pas de voir se réaliser les espérances de cette faction; je suis parfaitement tranquille de ce côté.

Je dis plus : les idées républicaines, telles que quelques hommes honorables peuvent les concevoir, perdent chaque jour de leur terrain. L'exemple des républiques de l'Amérique du Sud, et j'ajoute même celui des États-Unis de l'Amérique du Nord, ne sont pas faits pour inspirer le désir de voir des institutions analogues s'établir chez nous. Les principes politiques se jugent à leurs résultats, et les plus hautaines théories ne peuvent rien contre les faits.

Je ne crains pas davantage la faction carliste, c'est-à-dire l'opinion qui, au nom de la dynastie déchue, voudrait faire éclater des catastrophes nouvelles, dans l'espérance de ressaisir le pouvoir, sous telle forme ou sous telle autre, soit en revenant aux États-Généraux de 1789, soit en rétablissant l'absolutisme. Ce sont là des rêves! Personne au monde ne peut faire que le dix-neuvième siècle soit le seizième ou le dix-huitième. Lorsque des formes de gouvernement ont succombé dans un pays sous la main du temps et des révolutions, rien ne peut plus les ressusciter.

Depuis douze années, la faction carliste, d'accord avec les républicains, a fait des conspirations et tenté des révoltes. Elle a répandu dans la presse le poison de ses haines et de ses vengeances. On l'a vue, on la voit tous les jours encore tendre la main à l'anarchie révolutionnaire, insulter les pouvoirs, troubler la paix publique, fournir des élémens nouveaux et inattendus à la démoralisation des esprits. Cette faction peut encore, en ce moment même, se désavouer lâchement en présence des électeurs, attaquer ses propres principes, démentir ses antécédens, nier son histoire, fouler aux pieds ses croyances, applaudir ce qu'elle hait, louer ce qu'elle a tant de fois maudit, se prostituer enfin sans pudeur sur son lit de mort et dans son agonie délirante : elle ne peut rien de plus. Elle n'est à craindre nulle part, et, dans les voies légales, dans les élections, elle ne peut faire apparaître que sa honte.

CHAPITRE XX.

Les Légitimistes modérés.

En parlant de la faction carliste, il est bien entendu que je suis fort loin de la confondre avec les légitimistes modérés. Entre les jacobites et les torys il y a tout un ordre d'idées et toute une civilisation. Les uns appartiennent irrévocablement au passé, les autres sont appelés à tenir leur place dans l'avenir.

Les légitimistes modérés ne répugnent à aucune des innovations du temps actuel, à aucun des principes que la Charte a consacrés. Sous la Restauration, ils embrassèrent franchement le système de la Monarchie représentative. Ils combattirent souvent avec courage les passions envahissantes du parti de l'ancien régime. De beaux talens, de nobles caractères, le duc de Richelieu, le comte de la Feronnays, MM. de Châteaubriand, de Martignac, etc. honoraient cette opinion et lui valurent les sympathies et le respect de tous ceux qui, dans le pays, voulaient l'affermissement de l'ordre monarchique et constitutionnel. Si la vieille dynastie avait consenti à écouter les avertissemens de cette opinion loyale et éclairée, le serment de Reims eût été religieusement tenu, et trois générations de rois n'auraient pas disparu dans une tempête.

Sans doute les légitimistes modérés virent avec regret la chute de Charles X, comme ils avaient vu les ordonnances de juillet avec douleur : en se reportant aux faits de cette époque, aux sentimens qui se manifestaient et aux paroles qui furent dites, il est facile toutefois de se convaincre que les hommes de cette opinion regardèrent généralement comme irrévocable et définitive la nouvelle révolution, et que, dans la sombre inquiétude qui les enveloppait, ils se préoccupaient alors de la nécessité de concourir, par leurs efforts et leur influence, aux premiers actes d'un gouvernement qui s'annonçait comme voulant assurer l'ordre et la paix et faire prévaloir l'autorité conservatrice des lois sur les passions subversives.

La plupart des légitimistes modérés, sans renoncer au culte de leurs regrets et de leurs affections, abdiquèrent cependant dès lors toute espérance, toute pensée d'une Restauration nouvelle. Des hommes éclairés ne pouvaient se tromper à ces coups éclatans de la Providence. Déjà ne s'étaient-ils pas presque tous loyalement soumis au brillant despotisme de Napoléon? Pourquoi donc n'auraient-ils pas respecté la monarchie constitutionnelle de Louis-Philippe?

Il n'y a que l'ignorance et le fanatisme qui s'entêtent à de stériles résistances. L'homme éclairé sait que ce n'est pas d'aujourd'hui que les révolutions renouvellent la face du monde. Le bruit des dynasties qui tombent est un accident de toutes les histoires. Parce que beaucoup de choses sont changées depuis cinquante ans, cesse-t-on d'être citoyen?

L'homme de bien, l'homme éclairé, est toujours de son pays et de son temps. Il accepte les faits accomplis, non par dédain de toute conviction ou par intérêt personnel, mais parce qu'il ne croit jamais rompus les liens qui l'unissent à la patrie. Il s'accommode aux temps et aux circonstances, sachant bien que l'ordre providentiel des choses est au-dessus de toute force humaine, et aimant mieux servir encore quelques-unes des vérités fondamentales auxquelles il croit, que les déserter toutes par la violation scandaleuse de ses antécédens et de ses principes, ou par un lâche repos. Parce qu'une dynastie est tombée, n'y a-t-il donc plus aucun devoir à remplir? Les misères sociales ne méritent-elles plus d'être soulagées? Les lois n'ont-elles plus droit à aucun concours, le pouvoir à aucun respect? On est toujours citoyen, toujours chef de famille. On tient toujours de sa naissance, de sa situation, de sa fortune l'obligation de servir la société, de l'éclairer, de la préserver du désordre, de donner à tous l'exemple d'une vie austère, grave, occupée, dévouée aux principes de religion et de morale, à l'honneur et à la défense du pays.

Tels sont, je crois, les sentimens des légitimistes modérés. Le gouvernement, de son côté, doit en tenir compte. En restant ferme dans ses principes, en se montrant intraitable envers les factions, un gouvernement doit aussi éviter de s'aliéner les opinions froides, mais inoffensives, qui, par le cours naturel des choses, doivent lui être acquises plus tard. Douze années sont écoulées déjà depuis l'avénement de la dynastie nouvelle. Pour beaucoup d'hommes honorables, l'heure semble venue de renouveler le bail avec la patrie. Ne leur demandez, ne leur accordez rien de plus. Qu'ils participent comme les autres à la libéralité de nos institutions. Qu'ils s'élèvent, comme on s'élève aujourd'hui dans notre société moderne, par la lutte et le mérite. Ne leur témoignez aucune préférence, mais aussi, toutes les fois qu'il vous est offert, acceptez leur concours. Par cela seul que vous êtes gouvernement, quiconque ne se déclare pas ouvertement contre vous est pour vous. Un gouvernement ne doit connaître ni exclusions ni éternelles méfiances. Souvenez-vous de ce qu'ont fait Guillaume III en Angleterre, Henri IV et Napoléon en France.

On annonce que les légitimistes modérés iront tous aux prochaines élections. Si le fait est vrai, je m'en félicite dans l'intérêt du pays. Nous devons souhaiter tous qu'aucune grande opinion ne reste en dehors des affaires, et que la Chambre des Députés soit l'expression très-complète de la pensée publique. Le serment que les légitimistes seront tenus de prêter en allant aux élections me paraît, du reste, à l'égard de la plupart d'entre eux, une garantie suffisante. Des hommes de bien, des hommes religieux, ne se parjurent pas aussi aisément que se l'imaginent et que le voudraient quelques journaux. Le vieil honneur français subsiste toujours. En prêtant serment au Roi et à la Charte, tout électeur s'oblige à nommer un député qu'il croit très-consciencieusement résolu à maintenir l'autorité de la Charte et du Roi. Prêter serment et songer à élire un factieux, prêter serment et envoyer à la Chambre un député qui n'aurait d'autre mission que de susciter des troubles dans le pays et d'agir de concert avec les factions pour renverser la Charte et la dynastie, ce serait l'action, non pas seulement d'un mauvais citoyen, mais d'un malhonnête homme, d'un homme sans honneur et sans foi. Je ne pense pas que les légitimistes soient pressés de mériter le nom de parti du parjure, eux qui pendant tant d'années se sont dits, trop exclusivement peut-être, le parti monarchique et religieux.

Cette opinion a toujours, et avec raison, tenu compte des jugemens que l'Europe portait sur ce qui se passait chez nous. Des hommes d'État comme M. le prince de Metternich, sir Robert Peel, lord Wellington, sont en effet d'excellens juges des événemens et des situations. Eh bien! aujourd'hui et depuis douze ans, il a été facile de voir que les puissances regardaient l'avénement de la dynastie nouvelle comme la plus forte garantie qui ait pu être donnée à l'ordre européen et à la politique de conservation. Les cabinets sont convaincus que le gouvernement de 1830 est la plus forte barrière qu'on ait pu opposer aux passions révolutionnaires et subversives. Ils savent que de la France a dépendu le repos du monde, et si la paix n'a pas été troublée, malgré une si grande complication d'intérêts et d'événemens, si la civilisation n'a pas reculé devant une nouvelle invasion de la barbarie, des violences les plus aveugles et les plus inintelligentes, l'Europe reconnaît hautement qu'elle le doit au bon sens du parti conservateur en France, aux lumières de nos hommes d'État, au courage et à la haute sagesse de notre Roi. Cette opinion de l'Europe est d'un grand poids, et les hommes modérés dont je parle ici ne peuvent la récuser.

Comment ceux qui voulaient l'ordre et la conservation sous la dynastie impériale, pourraient-ils n'y pas concourir sous la dynastie des Bourbons d'Orléans? Comment ceux qui, avec M. de Chateaubriand, voulaient, en 1814, la monarchie selon la Charte, pourraient-ils aujourd'hui se déclarer hostiles à cette forme de gouvernement qui convient si bien à la modération de leur caractère et aux lumières de leur esprit ?

Remarquez bien que la Charte de 1830, la dynastie, le parti conservateur, n'ont pas besoin qu'on vienne à eux. Depuis douze ans nous avons rempli seuls la grande tâche que la Providence nous avait confiée. Nous avons seuls préservé tous les principes, toutes les traditions d'ordre social, édifiant d'une main, combattant de l'autre, comme Judas Macchabée, et ne nous inquiétant pas de savoir si ceux-là mêmes que nous protégions, et pour qui se dépensaient nos efforts et notre sang, ne nous rendaient pas quelquefois le combat plus rude et le succès plus incertain. Le pays était avec nous, car la France sera toujours avec qui fait son devoir. Maintenant que les orages semblent passés, que le ciel est plus serein, et qu'on peut recueillir les fruits de tant de sacrifices et de périls, nous n'appelons ni ne repoussons personne. La patrie appartient à tous. Les droits que nous avons maintenus ont été conquis au profit de tous, par nos pères et par nous. La France nouvelle ne connaît ni les violences d'en bas, ni les proscriptions d'en haut. Cette glorieuse mère ne dit à aucun de ses fils : *Ote-toi de mon soleil!*

Les ligueurs firent leur paix avec Henri IV, les stuartistes avec Guillaume III, les légitimistes eux-mêmes avec le consulat de Bonaparte et l'empire de Napoléon. Le torysme est le rajeunissement obligé des opinions historiques.

Une révolution éclate : il est naturel qu'aussitôt les opinions qui touchent aux intérêts anciens, aux croyances traditionnelles, s'inquiètent et s'éloignent. Mais à mesure que le fait nouveau se consolide, s'élargit, se mêle à tout ce qu'il y a de plus respectable, de plus sacré dans les intérêts, dans les croyances, dans les mœurs du pays, à mesure que la ligne providentielle se dessine plus nettement à tous les yeux, un inévitable changement s'opère dans les esprits les plus prévenus, dans les plus délicates consciences. Hommes de convictions religieuses, cherchez dans le présent et dans l'histoire un Roi plus manifestement désigné que Louis-Philippe, que ce prince tant de fois consacré par Dieu même sous les coups impuissans des factieux et des assassins!

CHAPITRE XXI.

L'Opposition de gauche.

Nous voici enfin devant nos adversaires sérieux; je vais parler de l'Opposition de gauche.

Et d'abord, qu'est-ce que la gauche aujourd'hui? Qu'est devenue cette opinion sous le commandement de ses chefs, au contact de ses alliances, et sous le coup des événemens? Ce vieux drapeau du Programme de l'Hôtel-de-Ville et du Compte-Rendu de 1831 a été déchiré par bien des tempêtes! Cette toge romaine, dans laquelle la gauche s'enveloppait fièrement, a mal protégé sa vertu! Un ministère de huit mois a suffi pour dissiper bien des illusions; la gauche s'est trouvée un moment près du pouvoir, et ce qu'il y avait d'apparences généreuses dans cette opinion, ce qui aurait pu séduire la foi naïve des peuples, a été oublié et déserté. Nous avons vu la gauche, presque tout entière, obéissante et docile jusqu'à la servilité, avide de faveurs jusqu'au cynisme, acceptant sans embarras les plus éclatantes contradictions. Elle a renoncé ses vieilles croyances sans parvenir à s'en former de nouvelles. Le ministérialisme, sans débat, sans objection, sans examen, a été sa règle. Il lui suffisait qu'une guerre universelle parût imminente, et que l'agitation fût rentrée dans les esprits. Cette chaude atmosphère de passions renaissantes était pour elle un si grand bien, que cela l'empêcha, pendant huit mois, de songer un seul jour aux principes qu'elle avait si longtemps défendus, aux griefs qu'elle avait tant de fois dénoncés. Elle qui s'effrayait pour les libertés publiques devant tous les ministères conservateurs, elle se prit tout à coup d'un violent amour pour je ne sais quelle dictature, et, la croyant possible, elle tressaillait de joie; car la gauche n'avait dès lors plus rien d'elle-même que ses instincts mauvais, ses tendances dangereuses, ses rancunes, ses haines, ses préjugés révolutionnaires. Elle a senti, depuis, qu'elle avait perdu le droit d'invoquer ses principes, elle n'en parle plus; elle n'y croit plus. Elle marche au hasard par des chemins qu'elle ignore, résignée à tout, imprévoyante de tout, jetant par intervalles un regard terne vers le passé, et ne pouvant se dire à elle-même si elle le regrette ou si elle a pour jamais rompu avec lui. Elle a manqué à la fois de probité politique et d'habileté, de courage et de prévoyance. Jamais un parti considérable ne tomba si vite dans un si profond affaissement. *La voilà, malgré son grand cœur, la voilà telle que* M. Thiers *nous l'a faite!*

Oh! que M. Thiers serait habile s'il ne s'était, lui aussi, perdu et ruiné dans cette ruine de toute une grande opinion, s'il n'avait lui-même appris les instincts et contracté les passions de la gauche en lui ôtant ses principes et sa force, s'il n'était pas devenu lui-même, peut-être pour toujours, l'homme de la gauche, autant qu'elle s'est faite un moment la chose de M. Thiers! Mais la ruine a été double; l'échange a été complet. Il y a eu deux sacrifices à la fois, deux énormes affaiblissemens.

Voilà ce que produisent les alliances qui ne reposent pas sur les principes et sur une estime mutuelle. De peur de toucher au fond des choses, on s'entend à la hâte et à demi-mot. On craint de réveiller le passé, de rappeler d'anciennes offenses, de vives blessures. On convient tacitement d'ajourner toute explication, et l'on oublie qu'il y a une chose qui ne s'ajourne jamais, la conscience, et l'on ne s'aperçoit pas qu'il y a toujours une dupe au moins dans ces contrats furtifs et ténébreux.

Voilà comment la gauche s'est vouée à la honte de toutes les contradictions ! Voilà comment elle a dû voter les fortifications de Paris, elle qui avait vu si longtemps dans ces fortifications une menace et une œuvre de despotisme militaire ! Voilà comment elle a mené le deuil des propositions de réforme électorale, elle qui avait fait de la réforme un des articles de son symbole politique ! Voilà comment elle a voté crédits sur crédits, elle qui avait dénoncé tant de fois l'énormité du budget ! Voilà comment elle a voté aussi les fonds secrets, après tant de déclamations austères sur l'équivoque emploi de ces fonds! Voilà comment elle n'a touché à aucun des monopoles, des priviléges, des abus qui existaient selon elle, dont elle s'effrayait, et qui lui avaient paru si onéreux, si menaçans pour le pays!

Vainement M. Odilon Barrot a-t-il voulu, dans sa circulaire aux électeurs, relever le vieux drapeau de la gauche. Les drapeaux tout criblés dans la bataille restent glorieux et entiers jusqu'à leur dernier lambeau, mais non pas ceux qu'on a usés en les cachant. Ce n'est jamais impunément qu'un parti, soit par calcul, imprévoyance ou fatigue, abjure ses principes et se désavoue. Le *Compte-Rendu* et les austérités sonores ne sont plus de mise quand on a fait ce qu'une grande partie de la gauche a commis sous le ministère du 1er mars.

Si je voulais énumérer les actes, les paroles, les situations, combien de noms qui revendiquent encore les honneurs de la popularité viendraient tristement s'accumuler sur cette page! Une semblable discussion n'est pas de mon goût; elle ne sied pas à la dignité du parti conservateur. Qu'il me serait facile cependant de déconcerter la rigidité de ceux-là mêmes qui parlent le plus haut de vénalité et de corruption!

Je préfère un débat plus grave. Je demande donc aux électeurs partisans de la gauche ce qu'ils pensent d'elle aujourd'hui, ce qu'ils vont faire, et quel est l'homme qu'ils reconnaissent pour chef? Adoptent-ils la prééminence de M. Thiers, veulent-ils que les hommes de leur opinion se disciplinent sous lui? Sont-ils plutôt pour M. Barrot, ou enfin feront-ils prévaloir dans leurs rangs les noms et l'autorité d'un groupe plus austère qui a loyalement maintenu son opposition et ses doctrines, soit pendant le ministère du 1er mars, soit depuis le ministère actuel?

Ai-je besoin de le dire? L'intérêt de tous, l'intérêt du pays, la dignité de nos institutions, exigent que deux opinions grandes et fortes soient désormais en présence dans la Chambre des Députés. Cela importe à l'Opposition non moins qu'à la majorité et au gouvernement. L'ambition et l'intrigue n'aiment pas ces démarcations tranchées. Il convient mieux à certains caractères, à certaines habiletés, de n'avoir ni opinions ni principes fixes, de passer d'un camp à l'autre sans souci de la veille ni du lendemain. Il leur convient mieux de compter avec des coteries, de s'arranger avec des prétentions et des amours-propres; mais ce n'est point là une politique désirable dans l'intérêt du pays. Une conviction sérieuse ne craint pas de se déclarer hautement.

Pourquoi les électeurs, les candidats de l'Opposition n'agiraient-ils pas avec franchise et hardiesse? A chacun la responsabilité de ses principes. Nous, Conservateurs, nous sommes le parti de la paix; nous croyons que la paix, une paix honorable et digne, contribue puissamment à la prospérité du pays, à son influence, au progrès de la civilisation et à l'affermissement des institutions et des libertés publiques. Nous le croyons et nous le disons. Pourquoi les électeurs, les candidats de la gauche, ne diraient-ils pas qu'ils veulent la guerre, que leur politique est la guerre, que les traités doivent être déchirés, et qu'il faut en appeler entre nous et l'Europe à l'épée et au canon? C'est bien là certainement la pensée de la gauche, puisqu'elle a toujours blâmé la politique de transaction et de concessions mutuelles; mais si c'est là sa pensée, sa conviction, sa politique, pourquoi ne l'avouerait-elle pas?

Nous voulons, nous, à l'intérieur, une politique conservatrice, modérée, une politique monarchique et constitutionnelle. Pour défendre cette politique, nous avons depuis douze ans combattu les insurrections, réprimé la presse, préservé le pays par des lois nouvelles, plus sévères, plus fortes, et que les désordres et les attentats provoqués par l'esprit d'anarchie nous ont fait et nous font encore regarder comme nécessaires. La gauche a repoussé ces lois, elle attribue à d'autres causes que nous ces attentats et ces désordres; elle condamne notre politique. Pourquoi donc les électeurs, les candidats de la gauche, ne proposeraient-ils pas hautement la leur? Pourquoi ne soutiendraient-ils pas qu'il y a eu trop peu d'innovations et de changemens depuis douze années? Pourquoi ne diraient-ils pas que le meilleur moyen d'enchaîner l'anarchie, c'est de tolérer quelques agitations, quelques désordres, de laisser les violences de la presse couler à pleins bords, d'effacer, autant que possible, l'action inutile ou dangereuse de la Royauté? C'est là ce que la gauche veut et ce qu'elle pense, ou du moins ce qu'elle a longtemps pensé et voulu. Nous avons droit d'exiger qu'elle confesse sa foi politique.

Avoir un langage équivoque pour arriver à des situations extrêmes, se plier en deux pour passer sous toutes les portes, dire aux uns qu'on accepte les faits accomplis, et aux autres qu'on n'a pas renoncé à ses anciens engagemens, se montrer tour à tour brouillon et servile, muet comme un esclave et menaçant comme un factieux, se renier soi-même dans l'espoir d'un plus facile succès, se prêter à des combinaisons qu'on méprise, subir des conditions dont on rougit, refaire tous les jours son programme, arrangeant, rognant, mutilant sans savoir trop pourquoi, et le réduisant à rien, par crainte d'être battu, ce n'est point là la conduite d'une grande opinion, d'un parti considérable. Avec une telle conduite, on fait les affaires de quelques personnes, et rien de plus.

Je le répète, le pays a besoin de revoir en face l'une de l'autre, comme cela existe en Angleterre, comme cela a déjà existé chez nous, deux grandes opinions, majorité et minorité, discutant ensemble pour le bien général, opposant, avec conviction et sincérité, un système à un système, un principe à un principe, certaines vues, certaines tendances, un programme enfin, à des vues, des tendances et un programme contraires. C'est par là seulement que la Monarchie représentative existe en réalité, et que l'Opposition elle-même peut servir les intérêts du pays. De la sorte, si une administration perd la majorité dans les Chambres, si un cabinet est renversé, il peut être remplacé aussitôt par une autre administration dont le système et les principes sont d'avance connus de tout le monde, qui les a exposés, développés, soutenus dans l'Opposition, qui a fait son œuvre du triomphe de ces principes, et qui a droit et se fait gloire de les professer et de les pratiquer en montant au pouvoir.

Je souhaite vivement que la législature nouvelle soit placée par les électeurs dans cette situation, la seule régulière, la seule utile et honorable à tous. Rien ne serait fatal à nos institutions comme le triomphe de ces industries ténébreuses, de ces stratégies pleines de guet-apens et de malentendus perpétuels, dont certains caractères et certains talens semblent faire l'idéal de la politique! En France, rien ne réussit à la longue que le courage et la franchise. Les conservateurs ne demandent à leurs adversaires que ces deux qualités toutes nationales. Ils ne leur demandent que de se montrer francs et courageux. Point de combattans masqués! point de ces rencontres ténébreuses où les plus hardis courages sont frappés dans l'ombre par la faiblesse et la lâcheté!

CHAPITRE XXII.

Considérations générales.

Premier règne d'une dynastie.

Dans toutes les questions importantes que l'Opposition légale soulève, les opinions subversives, se joignant aussitôt à elle, tendent à l'un de ces buts : ou provoquer une révolution à l'intérieur, ou susciter une guerre générale. C'est toujours sur l'une ou l'autre de ces pentes que les factions s'efforcent de pousser les destinées du pays.

L'Opposition légale agit dans la limite de son droit; mais voyez comme bientôt la question attaquée s'élargit et se dénature par le concours des opinions factieuses! Les exemples ne manquent pas.

La mesure si juste, si légale, du recensement, avait donné lieu, de la part d'hommes honorables, à quelques légères observations. Eh bien! que n'a-t-on pas fait plus tard, avec cette question perfidement dénaturée! Le trouble et l'agitation sont nés de quelques objections d'abord inoffensives. Il y a quelques mois, c'était sur la question d'Espagne qu'on s'efforçait de peser. On croyait que des difficultés, des embarras, étaient sur le point d'en sortir, et aussitôt les opinions perturbatrices se portèrent de ce côté. Le droit de visite, l'hostilité à l'Angleterre, ont ensuite servi de thème. Toutes les autres questions ont été alors abandonnées pour celle-là.

En exagérant la question du recensement, les factions voulaient provoquer des troubles intérieurs. En grossissant les faits relatifs au droit de visite, à la question d'Espagne, à toutes les questions extérieures, elles ont cherché le germe ou l'occasion d'une rupture, d'une guerre.

Dès que les minorités factieuses s'aperçoivent ou croient s'apercevoir que le gouvernement a devant lui une difficulté, un obstacle, un embarras quelconque, leur premier soin est de le grandir hors de toute proportion. Elles parviennent ainsi, très-souvent, à en préoccuper les esprits, à soulever les passions, et à rendre par là plus difficiles les transactions essayées dans l'intérêt du pays. Comment, en effet, l'action du gouvernement suffirait-elle à toutes les situations, lorsque autour de lui s'agitent des minorités dont plusieurs n'ont d'autre intention et d'autre but que de rendre ces situations plus graves et plus périlleuses ?

Les hommes modérés ne doivent donc jamais oublier la double tendance des ennemis de l'ordre. Il faut savoir se tenir en garde contre des impressions fausses et passagères, il faut examiner, pour chaque question, si l'intérêt du pays s'y trouve réellement engagé, et faire avec soin la part du vrai et celle de l'exagération et du mensonge. Ce serait une énorme imprudence de pousser le pays vers des extrémités auxquelles une ferme résolution manquerait ensuite. Jugez par vous-mêmes, sans vous préoccuper des déclamations du moment; pesez avant de résoudre; voyez s'il y a vraiment danger pour un principe, danger pour l'intérêt ou l'honneur du pays. Considérez si les difficultés qui se présentent exigent que de graves conséquences soient acceptées, ou si, avec de la prévoyance et de la modération, il ne sera pas possible de faire sa part à chaque intérêt, à chaque principe, et d'arriver à des transactions raisonnables. Ne vous préparez point, par de puériles effervescences, les regrets les plus amers.

Les factions savent bien que le pays ne veut ni le renversement de la Monarchie de 1830, ni une guerre générale. Si elles venaient vous déclarer que c'est là qu'elles veulent vous conduire, vous les repousseriez aussitôt, comme cela est toujours arrivé depuis douze ans. Mais leur tactique est facile à démasquer. C'est derrière l'Opposition légale que les factions se placent pour agir avec plus de sécurité contre vous. Elles lui laissent l'initiative. L'Opposition légale pose d'abord le thème hostile à un cabinet, puis quand ce thème est établi, quand il s'est fait quelque ébranlement dans l'opinion, elles s'emparent à leur tour de la difficulté qui en sort, elles tourmentent la situation, elles dirigent tous leurs coups sur ce seul point, afin d'entraîner les esprits, et de faire croire à un mal réel et profond. A chaque question nouvelle, les factions ne manquent pas aussi de rappeler, d'énumérer, en dénigrant et calomniant tout, les questions déjà éteintes. Vous aviez cru ne marcher que passagèrement sur un terrain spécial avec quelques-uns de vos adversaires, vous vous trouvez emporté par un torrent qui menace de tout détruire. Combien de fois s'est-on emparé des sentimens généreux pour les faire servir à la cause des passions et les y enchaîner ! Voilà le péril que je signale surtout. Je suis loin de contester son droit à l'Opposition ; je ne prétends pas que le pouvoir soit toujours éclairé et qu'on n'ait jamais eu à lui reprocher aucun tort ; mais je dis qu'avant de contester, il importe de réfléchir ; je dis qu'il faut se défier des entraînemens, et qu'au moment de s'engager dans l'Opposition, même sur une question spéciale, il convient de peser mûrement toutes les conséquences, et de comparer les avantages aux inconvéniens.

La conduite des factions et des opinions qui marchent le plus souvent d'accord avec elles doit éclairer et avertir. N'est-il pas vrai que, depuis douze ans, on a voulu surtout faire peser sur la Royauté, sur le Roi, la responsabilité de tous les faits, de tous les actes, de toutes les paroles qu'on attaquait avec le plus de violence? Si l'on ne se proposait qu'un but avouable, pourquoi cette hostilité continue envers celui que tout le monde doit respecter? Mais les factions ne visent pas en réalité à telle ou telle modification, à tel ou tel changement; toutes les irritations qu'elles soulèvent et entretiennent ne sont pour elles qu'un moyen d'arriver à la ruine du gouvernement et de la dynastie. Or cette ruine ne leur apparaît que dans la possibilité d'une catastrophe intérieure, d'un soulèvement de l'opinion, d'une désaffection progressivement suscitée, ou dans les chances terribles d'une guerre universelle. Soyons donc en garde contre les piéges tendus aux sentimens généreux du pays. Comprenons qu'il vaut encore mieux passer sur certaines choses, accepter des inconvéniens passagers, s'accommoder aux nécessités d'une situation exceptionnelle, et différer certaines solutions, que risquer de compromettre, par des effervescences et des opiniâtretés irréfléchies, la grande tâche que nous avons entreprise. Lorsqu'à la tribune d'Athènes, Phocion se voyait un moment applaudi par ses adversaires de tous les jours, il s'arrêtait aussitôt et demandait quelle imprudence lui était échappée pour qu'on lui infligeât de tels applaudissemens.

J'ai parlé du Roi, de la responsabilité que les factions s'efforcent constamment de reporter sur lui. Qu'on me permette à ce sujet de très-courtes réflexions.

Le premier règne d'une dynastie ne peut rester toujours et complétement dans les conditions normales. Il y a alors la Royauté et le Roi, l'institution et l'homme. Comme l'avénement du prince sort des règles ordinaires, son action se ressent de cette origine. Comme le prince a mis en jeu sa personne, sa situation, son influence, sa grandeur historique, toute sa fortune, il est nécessairement un des plus essentiels personnages du drame, et il a droit d'agir. On n'a pas embrassé une cause périlleuse, on n'est pas désigné aux attentats des factions et aux balles des assassins, on ne se dévoue pas exceptionnellement soi-même et on ne dévoue pas sa famille au triomphe d'un principe, pour rester spectateur inactif des luttes que ce principe soutient et s'enfermer impassiblement dans la contemplation et le repos. Attendre cela, c'est vouloir l'impossible et méconnaître la nature humaine. Les fondateurs de dynastie ont des destinées à part. Cela est surtout vrai quand d'éminentes qualités personnelles, de grandes lumières, une haute raison, une expérience réfléchie, un courage à toute épreuve caractérisent le souverain; quand il s'appelle, par exemple, Guillaume III ou Louis-Philippe.

En principe même, si la Chambre des Députés représente plus spécialement les intérêts actuels, si la Chambre des Pairs a surtout la défense et le soin des intérêts acquis, la Royauté n'est-elle pas entre ces deux pouvoirs le lien permanent, l'intermédiaire actif, l'image du droit traditionnel, la garantie des intérêts du présent dans l'avenir et des intérêts de l'avenir dans le présent? N'est-ce pas à la Royauté qu'appartient la direction continue ? et n'est-ce point là même un des principaux et des plus incontestables avantages du gouvernement monarchique sur le gouvernement républicain ? Eh bien ! je dis que cela doit être surtout, que ce rôle appartient surtout à la Royauté, quand une dynastie se fonde, quand l'unité du pouvoir a besoin de se montrer toujours, quand il faut aux dissidences des opinions et des partis un point fixe et sûr de ralliement, quand, au dedans et au dehors, beaucoup d'intérêts ont besoin d'être rassurés par l'évidence d'un pouvoir stable, quand les difficultés sont immédiates et les transactions nécessaires.

Et si l'avénement de Louis-Philippe fut salué avec empressement en 1830, n'est-ce point surtout parce que tout le monde reconnaissait alors que la situation personnelle du prince était pour la France et pour l'Europe un gage de sécurité et de paix. Quel autre aurait pu, comme lui, faire éclater devant nos institutions la dignité du citoyen, et devant les rois de l'Europe la majesté d'un roi? Quelle parole aurait fait ce qu'a fait la sienne? Qui aurait pu, comme lui, combler par sa seule présence l'abîme rouvert des révolutions? Que Dieu et l'avenir le récompensent de tant de travaux! Voilà douze ans qu'il règne, et il n'a pas cessé un seul jour, dans ces douze années, de mériter la reconnaissance publique, rendue plus vive encore par les attentats des factions. Voilà douze ans qu'il règne, c'est-à-dire qu'il préserve et défend les intérêts, l'honneur, le repos et la gloire du pays. Nous tous, qui que nous soyons, sachons comprendre sa mission de salut comme il l'a comprise lui-même. N'appesantissons pas un fardeau que notre confiance a imposé.

CONCLUSION.

Aux Conservateurs.

J'ai rappelé par quelle conduite, par quels actes le ministère du 29 octobre a si heureusement atteint le double but qu'il s'était proposé en arrivant au pouvoir : rétablir notre bonne intelligence avec l'Europe, et faire prévaloir dans la politique intérieure les doctrines d'ordre et de conservation. On ne saurait me reprocher, je pense, d'avoir évité l'examen d'aucune des questions importantes débattues depuis vingt mois. J'ai loyalement dit mon sentiment, comme doit le faire quiconque s'adresse au public sur de si graves objets. L'intérêt du pays, l'intérêt des Conservateurs et de leur noble cause, ont seuls inspiré chacune de mes paroles et soutenu mon insuffisance.

Un regret me poursuivait toutefois: j'aurais voulu donner à ma pensée de plus amples développemens. Dans un travail si rapide et si limité, on risque à tout moment de dire trop ou trop peu, et dès lors d'être mal compris. Ma conscience, du moins, me rassure: je suis entré, selon mon pouvoir, dans la lutte solennelle qui vient de s'ouvrir. Pour tout le monde, aujourd'hui, les événemens vont plus vite que les hommes. Chaque heure apporte sa tâche et disparaît avec elle. Nul ne saurait s'asseoir au bord du chemin. Le torrent passe et fuit en dévorant ses rivages.

Conservateurs! électeurs constitutionnels! puissent votre union et votre fermeté assurer encore une fois le triomphe de nos convictions! Le calme si heureusement rétabli, la régularité de la situation actuelle, feront peut-être que la lutte sera, cette fois, moins passionnée, moins ardente qu'à d'autres époques; mais souvenez-vous que les dangers qui s'éloignent sont pourtant encore à craindre, et que les débris des factions subsistent au milieu de nous.

N'ayant pu vous vaincre depuis douze ans,

on cherchera surtout à vous séduire et à vous surprendre. Restez maîtres de vous-mêmes. Fiez-vous aux inspirations de la conscience, toujours supérieures à tous les sophismes et aux vaines subtilités. Quel que soit le langage qu'on vous tienne, comparez les faits aux paroles, opposez les principes aux séductions, la fermeté aux entraînemens, et, s'il le faut, un calme énergique à la violence.

Vous êtes ces sages et courageux citoyens qui, depuis douze ans, dans des circonstances diverses, ont su préserver le pays de catastrophes nouvelles et de la tyrannie des factions. Depuis douze ans, ni l'intimidation, ni les entraînemens, ni les dissidences, n'ont pu triompher de vous. Votre patriotisme s'est trouvé au niveau de toutes les situations que le pays a traversées, et il a recueilli les fruits de votre sagesse. Vous serez, dans cette nouvelle lutte, ce que vous avez été toujours : vos principes, vos sentimens, vos lumières, vos intérêts, en sont des garans certains.

Conservateurs! vous voulez tous aujourd'hui ce que vous vouliez en 1830, ce qu'a voulu et ce qu'a fait prévaloir la Chambre dont la durée vient de finir. Comme la grande majorité de cette Chambre, vous voyez dans la paix, dans une paix digne et haute, le premier des biens pour le pays, le moyen le plus sûr de développer notre prospérité intérieure, d'étendre notre influence, d'accroître les progrès de la civilisation, et d'affermir l'empire des lois et d'une austère liberté. Vous repoussez les propagandes insensées et les excitations révolutionnaires. Vous respectez les principes et les intérêts légitimes des autres gouvernemens et des autres peuples, comme vous voulez que les principes et les intérêts légitimes de la France et de son gouvernement soient partout respectés. Vous n'appelleriez la guerre que le jour où vous pourriez prendre Dieu et le monde à témoins de la justice et de la sainteté de votre cause. C'est là ce que voulez, et les vœux et les passions de vos adversaires vous sont bien connus.

Conservateurs! vous voulez fermement pour la France ce système de la Monarchie représentative, qui est le plus modéré, le plus sage, le plus libre des gouvernemens. Vous êtes les partisans de la liberté et du progrès véritables, de cette liberté qui jamais n'opprime, de ce progrès qui ne détruit pas. Les crimes et les attentats des factions vous ont indignés et vous indignent encore; c'est pourquoi vous ne voulez point que les pouvoirs soient désarmés ni affaiblis. Vous n'avez oublié ni les nobles vœux, ni les travaux, ni les expériences et les sacrifices de nos pères, et vous croyez, comme des voix éloquentes le déclaraient il y a cinquante ans, à l'aurore de notre première révolution, que la liberté n'est que le règne des lois, que le crime est toujours crime, que la raison et le droit sont éternels, inviolables, et que la force, séparée d'eux, porte malheur à qui ose l'invoquer même un seul jour. Voilà ce que vous pensez; est-ce là ce que pense quiconque marche avec les factions?

Conservateurs! au moment de déposer le vote électoral, rappelez-vous le pays, vos familles, les intérêts et les principes sur lesquels l'ordre et la société reposent. Toute autre considération doit s'évanouir devant des objets si chers et si grands.

Aux députés qui siégeaient dans la Majorité de la dernière Chambre sont dues d'abord vos préférences! Votre assentiment sera la sanction de leurs principes et le prix de leurs travaux. Confiez-leur de nouveau un mandat qu'ils ont dignement rempli! D'autres noms viendront sans doute élargir encore et fortifier cette Majorité déjà éprouvée, cette Majorité libérale et conservatrice.

Des choix que vous allez faire sortira un avenir politique de cinq années, long espace de temps, aujourd'hui que les événemens se hâtent et s'accumulent avec une rapidité si prodigieuse et quelquefois si terrible!

Cinq années sont une carrière immense dans laquelle la nouvelle Chambre aura, de concert avec les autres pouvoirs, des besoins nouveaux à satisfaire, des questions pratiques à résoudre, des intérêts moraux et matériels à soutenir, à développer. Sous l'influence d'une sage politique, les plus heureux, les plus féconds résultats peuvent être obtenus.

L'œuvre que vous allez accomplir impose donc la responsabilité la plus grave; car aujourd'hui tous ces résultats dépendent de vous, de vous seuls. L'expérience vous a appris quels principes et quels hommes sont favorables à la sécurité, à l'influence, aux intérêts du pays, et quels principes, quels hommes les inquiètent, les troublent ou les menacent. Interrogez le passé, qui répond de l'avenir.

Ah! que la dynastie et les institutions s'affermissent enfin pour toujours sur un sol longtemps agité! Découragez, par une nouvelle victoire, éclatante, décisive, les efforts des factions et leurs vaines espérances. Elles cesseront alors de se montrer intraitables. Alors le calme deviendra profond, et la conciliation facile.

Conservateurs! électeurs constitutionnels! c'est une grande chose d'être et de rester l'opinion, le parti le plus considérable en France, d'exercer, dans notre cher pays, le patronage légal de tous les intérêts, l'initiative des progrès véritables, des idées utiles et généreuses. Montrez-vous toujours, comme vous l'avez été jusqu'ici, dignes de cette mission. Prouvez, par votre active persévérance, par votre ferme accord, par l'indépendance et la dignité de vos choix, que vous ne connaîtrez jamais ni les mollesses d'une sceptique indifférence, ni les jalouses exclusions des partis étroits et violens.

La force de vos principes, le constant accord des pouvoirs dans les deux dernières sessions, l'utilité, l'importance des travaux qui les ont honorées et remplies, l'union de tous les hommes dévoués à la dynastie, à la Charte, à l'ordre et aux lois, voilà autant de garanties et de gages de votre prochain triomphe.

Tels sont mes vœux et telle est mon espérance. Cette espérance m'animait en soutenant ici votre politique et en répondant à d'injustes imputations. D'autres feront mieux sans doute, personne avec un plus vif dévouement à votre cause. Que n'ai-je pu animer chacune de mes paroles des graves émotions que le nom sacré de la France inspire au plus humble de ses enfans! Mais la pensée de tout homme sincère a une valeur auprès de vous; et, si peu qu'on soit, il faut payer sa dette au pays!

FIN.

TABLE DES CHAPITRES.

www.ingramcontent.com/pod-product-compliance
Ingram Content Group UK Ltd.
Pitfield, Milton Keynes, MK11 3LW, UK
UKHW021905260726
13966UKWH00006B/690